나는 독서로
어떻게 3개월 만에
삶이 바뀌었을까

나는 독서로
어떻게 3개월 만에
삶이 바뀌었을까

초 판 1쇄 2021년 10월 20일

지은이 이호걸
펴낸이 류종렬

펴낸곳 미다스북스
총괄실장 명상완
책임편집 이다경
책임진행 김가영, 신은서, 임종익, 박유진

등록 2001년 3월 21일 제2001-000040호
주소 서울시 마포구 양화로 133 서교타워 711호
전화 02) 322-7802~3
팩스 02) 6007-1845
블로그 http://blog.naver.com/midasbooks
전자주소 midasbooks@hanmail.net
페이스북 https://www.facebook.com/midasbooks425

© 이호걸, 미다스북스 2021, *Printed in Korea*.

ISBN 978-89-6637-973-6 03190

값 15,000원

나는 독서로
어떻게 3개월 만에
삶이 바뀌었을까

이호걸 지음

책을

읽고 난 후

좋은 일들만

일어나기

시작했다

미다스북스

인생을 살아가며 독서를 통해 삶을 바꾼 사람들이 얼마나 될까? 내 생각에는 얼마 없을 것이라고 본다. 사람들은 독서에 대해 대부분 이렇게 말한다. '책을 읽는다고 해서 삶이 달라지냐.', '요즘 인터넷에 검색만 하면 정보가 나오는데 굳이 독서까지 할 필요가 있을까?' 나 역시 마찬가지로 책을 싫어했고 부정적인 시선으로만 바라봤다. 독서하기 전의 나의 삶은 아무 성과도 없는 하얀 도화지에 불과했을 정도라고 말하고 싶다.

나는 성인이 될 무렵, 모델이라는 꿈을 안고 지방에서 서울로 상경했다. 지금 생각해보면 그때 당시 하라는 모델 공부는 안 하고 노는 데만 미쳐 있었다. 그 당시 모델 일을 하는 친구들과 어울려 다니면서 클럽에 갔다. 클럽에 가면 거의 밤새 놀았을 정도로 정신 없이 놀기만 했다. 수업이 끝나면 술 마시고, 클럽 가는 게 거의 일상이었다. 시간이 지나면 지날수록 이런 생각이 들었다. '아, 내가 도대체 뭘 한 거지?'라고 말이다. 생각을 정리할 겸 군대에 갔다 왔다. 전역한 후에는 모델이라는 꿈을 포기하고 1년 정도 영업과 관련된 일을 했지만, 나랑 맞지 않아 그만뒀다. 이후에는 기술을 배워서 취업 준비를 하려고 했는데 갑자기 코로나

19가 터졌다. 그로 인해 아버지의 월급은 줄어들고 빚은 빚대로 늘어, 집이 경매로 내몰릴 뻔한 위기까지 왔다. 나는 이 문제를 해결하기 위해 기술을 포기하고 회사에 취업했지만, 상황은 나아지지 않았다. '도대체 어떻게 해야 이 상황이 나아질 수 있을까?'라고 생각하다 우연히 친구의 집에서 책 한 권을 보게 되었다. 처음 이 책을 봤을 때 왠지 모르게 끌렸고 계속 읽다 보니 많은 생각이 들었다. '아, 내가 여태까지 인생을 헛되게 살았구나.', '성공하려면 현재 나 자신의 환경을 바꿔야겠구나.' 나는 이 책 한 권을 계기로 성공하겠다고 다짐했고 성공한 사람들이 쓴 책을 읽기 시작했다. 어떤 장소든 가리지 않고 자기계발, 처세술, 주식, 부동산, 철학 등에 관한 책들을 미친 듯이 읽었다. 성공한 사람들도 찾아다니며 많은 조언을 구했다. 이 과정에서 힘든 순간과 포기하고 싶은 순간이 정말 많았지만 그래도 포기하지 않았다. 그러자 나의 삶에 짧은 시간 안에 많은 변화가 일어났다. 주식 투자로 수익을 낸 후 그 돈으로 부동산 투자를 시작해 자산을 마련했다. 그리고 지금은 책을 쓴 작가가 되었다.

과거의 나와 같은 삶을 살았거나, 성공은 하고 싶은데 방황하고 있거나, 어떻게 해야 할지 모르는 사람에게 하고 싶은 말이 있다.

"독서를 통해 깨달음을 얻고 행동으로 옮긴다면 삶이 변하는 날이 올 것이다."

나는 주야간 근무를 하는 직장에 다니며 이 원고를 작성했다. 일이 끝나고 집에 도착하면 컴퓨터 앞에 앉아 작성하고 쉬는 날에는 카페에 틀어박혀 앉아 작성했다. 어떤 날은 너무 힘들어 포기하고 싶은 순간도 많았지만 포기하지 않았다. 그 이유는 내가 독서를 통해 삶이 변한 것처럼 이 책이 당신에게도 큰 희망이 되었으면 하는 바람이 있었기 때문이다. 내 과거의 삶은 행복하지 않고 불행의 연속이었지만 독서를 통해 살아갈 힘을 얻었다. 하루하루 삶이 힘들고 방황하고 있을 당신에게 이 책을 바치겠다.

마지막으로 이 책을 집필할 수 있게 작가의 길로 이끌어준 김도사님, 나의 원고가 책이 될 수 있게 도와준 명상완 실장님, 이다경 팀장님, 인생에 있어 많은 조언을 해준 멘토님, 피디님, 스승님, 내가 걷는 길을 묵묵히 응원해주는 친구들, 직장 동료분들, 어려운 환경 속에서도 철없는 말썽꾸러기 아들을 키우느라 고생하신 부모님께 감사의 말을 전한다.

목 차

프롤로그   005

1장 독서가 나를 살렸다

01 나는 책을 만나 행복해졌다   015

02 책을 읽고 난 후 좋은 일들만 일어나기 시작했다   022

03 독서만큼 현실적인 자기계발은 없다   029

04 책을 읽고 삶의 목표를 정하라   036

05 많은 사람들이 스스로 불행하다고 여기는 이유   043

06 어떻게 인생을 살아갈 것인가?   050

07 내 인생, 지금부터 시작이라고 생각하라   057

2장 세상에 쓸모없는 책은 없다

01 세상에 쓸모없는 책은 없다　　　　　　　067

02 책 사는 데 돈을 아끼지 마라　　　　　　073

03 책 읽는 데 시간을 투자하라　　　　　　080

04 삶을 바꿀 수 있는 도구는 책이다　　　　087

05 내 삶의 행복을 찾아준 것은 책이다　　　094

06 좋은 책은 나의 마음에 드는 책이다　　　101

07 책은 내적 성장을 도와준다　　　　　　107

08 책은 모든 일을 이루게 해주는 마법이다　114

3장 책을 가까이한다면 좌절하거나 실패할 일은 없다

01 성공은 책 읽기에서 시작된다   123

02 나 자신을 하찮게 여기지 마라   130

03 열심히 사는 데 성과가 없다면 독서를 하라   136

04 책을 가까이한다면 좌절하거나 실패할 일은 없다   143

05 인생을 바꾸는 데 독서만 한 것이 없다   150

06 책에는 바른길로 안내해줄 스승들이 있다   156

07 제대로 된 공부법은 독서였다   163

4장 나를 성장하게 하는 8가지 독서법

01 한 분야의 책을 10권씩 읽어라   173

02 빨리 읽는 것보다 제대로 읽어라   180

03 처음부터 끝까지 읽어야 한다는 고정관념은 버려라   187

04 자신의 분야에서 성공한 사람의 책을 읽어라   194

05 필요한 부분만 골라 읽는 것도 독서이다   201

06 한 줄을 읽어도 실천해야 제대로 된 독서다   207

07 속독은 나쁘다는 고정관념을 버려라   214

08 사색하고 질문하고 실천하라   221

5장 미래는 책을 얼마나 읽었느냐에 따라 달라진다

01 미래는 책을 얼마나 읽느냐에 따라 달라진다   231

02 지금부터 책을 읽고 1%씩만 달라지자   238

03 책을 읽는 만큼 생각이 달라진다   245

04 미래를 위한 중요한 일을 하라   252

05 인생을 한방으로 생각하지 마라   260

06 미래의 변화는 오늘의 나로부터 시작된다   267

07 독서로 진짜 스펙을 쌓아라   274

책을

읽고 난 후

좋은 일들만

일어나기

시작했다

1장

독서가

나를

살렸다

01

나는 책을 만나 행복해졌다

우리 집은 2019년 12월에 이사했다. 그 당시에 빚을 1억 넘게 지고 이사를 해서 정말 막막했다. 당시 나는 백수였고 우리 아빠는 월급 200만 원 초반 정도를 받는 직장인이었기 때문이다. 거기다 동생은 대학교에 다니고 있었다.

엄마는 주부 겸 부동산 투자자다. 우리 엄마가 관리하는 집은 몇 채 정도 되지만, 총 합친 월세는 얼마 되지 않는다. 우리 집은 지방이라서 월세가 비싼 편이 아니었기 때문이다. 그 무렵 우리 가족은 빚을 갚으며 열심히 살려고 마음먹고 다시 새로운 출발을 하려고 했다.

2020년 3월이 되었다. 이때는 코로나19가 전 세계적으로 많이 확산이 돼서 두려움과 공포에 떨던 시기다. 자영업자, 직장인, 사업가 등 많은 사람들이 일자리를 잃어 길바닥에 나앉게 되는 상황이었다.

지금 생각하면 그 날을 잊을 수 없다. 이 시기에 우리 아버지는 일거리가 줄어들어 집에 빨리 오는 날이 많았다. 월급은 150만 원이었다. 거기다 우리 엄마가 관리하는 집도 거의 공실이 되었다. 앞으로 갚아야 할 빚도 많은데 아버지의 일거리도 줄어들고 엄마가 관리하는 집도 공실이 나니 정말 마음이 불안했다. 그때 나는 기술을 배우고 있어 도움이 되지도 못했다. 시간이 지나면 지날수록 코로나19는 우리 가족을 점점 불안하게 했다. 나는 아빠에게 말했다.

"아빠, 나 지금 기술 배우고 있는 거 때려치우고 바로 취업할까?"
"아니, 일단 먼저 기술 배우고 나중에 생각해도 괜찮으니, 너는 기술 배우는 데 집중해."

지금 생각하면 아빠는 내 걱정을 덜어주시려고 했던 것 같다. 이러지도 못하고 저러지도 못하는 상황이다 보니 나 자신에게 너무 화가 났다. 그리고 시간이 흐를수록 상황은 좋아지기는커녕 악화만 되어갔다. 아버지는 "이러다 굶어 죽겠다."라고 하소연하며 불안에 떨었다. 엄마도 불안과 공포에 떨면서 "정말 우리가 사는 집이 경매에 나갈지도 모른다."라며 많은 걱정을 하셨다.

나는 이 상황들이 너무 답답하고 보기가 싫어서 하루라도 빨리 취업해야겠다고 마음을 다잡았다. 바로 책상에 앉아 컴퓨터를 켜고 여러 회사에 지원했다. 여러 군데 지원했지만 다 떨어지고 말았다.

그러자 엄마가 "취업 자리는 왜 이렇게 안 구해지는 거야?"라고 다급함이 드러나는 말씀을 하셨고, 곧바로 나는 "지금 구하고 있어. 이게 내 마음처럼 쉬운 줄 아냐?"라며 크게 소리쳤다.

엄마가 원래 조급한 성격은 아닌데 코로나19로 힘드니까 나를 다그쳤던 것 같다. 다시 마음을 다잡고 취업 자리를 구했다. 얼마 있다가 LG디스플레이 회사에서 연락이 왔다. 바로 면접이 가능한지 물어보는 것이다. 나는 가능하다고 이야기했다. 바로 사무실로 가서 면접을 봤고, 결과는 합격이었다. 정말 날아갈 것처럼 기분이 좋아서 엄마에게 말했다.

"나 합격했어. 이제 취업한다."
엄마의 얼굴에 미소가 보이기 시작했다. 그리고 나에게 말했다.
"축하해, 이제 본격적으로 우리 집도 희망이 보인다."

엄마가 해맑게 웃으시면서 나에게 축하의 말을 건네자 내 가슴이 다 뿌듯했다. 내가 돈을 벌어서 우리 집을 더 행복하게 만들어주고 싶었다.

드디어 첫 출근을 하는 날이 왔다. 첫 근무는 야간 근무여서 걱정이 되기도 했다. 왜냐면 나는 태어나서 밤에 일해본 적이 거의 없었기 때문이었다. '정말 내가 잘할 수 있을까?' 처음에는 두려움이 있었지만, 신경 쓰지 않았다. 내가 이 회사에 출근하지 않고 일도 하지 못하게 된다면 우리 집은 정말 경매에 넘어갈 것 같다는 생각이 머리에 박힐 정도로 절박했기 때문이다.

일 배정을 받고 첫 근무를 시작했다. 가장 긴장되는 순간이었다. 처음에 나는 할 줄 아는 일이 없으니 시키는 대로 하면서 일의 동선을 파악하기 시작했다. 하면 할수록 적응이 되었고 수월하게 일을 하게 되었다. 그렇게 첫 야간 근무를 끝내고 바로 집으로 갔다. 잠자리에 들기 전 부모님이 "호걸아, 수고했다."라고 말했다. 이 한마디가 내 피로를 풀어주었다. 몇 개월이 흘러 나는 주야간 근무에 적응하기 시작했다. 월급도 꾸준하게 200만 원 중반 정도를 받았다. 나는 받은 월급 중에서 30만 원은 내가 쓰고 나머지는 엄마에게 빚을 갚으라고 주었다. 부모님은 항상 나에게 고마워하셨다. 가끔은 '내가 정말 효도하고 있구나.' 하고 생각했다. 지금 생각하면 엄마는 내가 돈을 가져다주니 기분이 좋았을 수 있지만 나는 행복하지 않았던 것 같다. 내 인생을 살아야 하는데 부모님의 빚을 갚아주며 살다 보니 나에게 남는 돈은 없었다. 그렇다고 우리 집 상황도 어려운데 뭐라고 할 수도 없는 노릇. 가끔 부정적인 생각이 들기도 했다.

'그냥 사는 대로 살까?'
'인생이 원래 그렇지. 그냥 나는 죽기 전까지 혼자 사는 게 답이다.'

매일 방황의 연속이었다. 하루하루가 너무 싫었다. 어떻게 하면 행복하게 부자로 살 수 있을지 고민했다. 그러다 2020년 10월에 한 친구에게 연락이 왔다.

"호걸아, 요즘 잘 지내?"
"응, 잘 지냈어. 너는 요즘 어때?"
"나, 요즘 부동산 갭투자 하려고 준비하고 있어. 언제 시간 되면 만나서 자세하게 대화 좀 하자. 진짜 중요하니까."

나는 이 친구의 말을 듣자마자 심상치 않은 기운을 감지했다. 그리고 얼마 지나지 않아 그 친구를 만날 수 있었다. 우리는 서로 중요한 대화를 하고 있었는데 그 당시 나는 기분이 좋지 않았다. 대화하다 그 친구도 내 기분이 좋지 않은 걸 눈치챘는지 나를 보고 말했다.

"호걸아, 너 요즘 안 좋은 일 있냐?"
"음, 그냥 힘들다. 내가 받은 월급으로 부모님의 빚을 갚는 건 좋지만, 이런 방식으로는 부자가 되지 못할 텐데 어떻게 하면 부자가 될 수 있을지 고민이다."

그 친구는 내가 너무 안타까워 보였는지 나에게 말했다.

"호걸아, 네 상황도 그렇지만 나도 힘들었던 적이 있어서 누구보다 네 심정을 잘 알아. 나 같은 경우는 신용불량자까지 가서 정말 힘들었지만 어떻게든 혼자서 이겨냈어. 어떻게 이겨낼 수 있었다고 생각해?"

"음, 도대체 뭐길래 그러는데?"

"그건 바로 생각의 차이야. 나 같은 경우는 정말 힘든 시련도 많았지만, 항상 침착하게 대응하고 어떻게든 해결할 수 있다고 생각했어. 지금 네가 힘든 상황은 잘 알겠어. 하지만 힘들다고 계속 한숨만 쉬고 부정적인 생각만 하면 네 상황이 나아질까?"

이 친구의 말에 나는 쇠 방망이로 뒤통수를 맞은 듯 정신이 번쩍 들었다. 그렇다. 지금 상황이 나아지지 않은 이유는 나 자신 때문이었다. 내가 부정적으로 생각하니 상황도 나아질 수 없던 것이었다. 어떻게 하면 지금 나의 상황을 개선할 수 있을지 곰곰이 생각하다 우연히 친구의 집에서 책 한 권을 발견했다. 나는 원래 책이라면 거들떠보지도 않았는데 그 책은 왠지 모르게 끌렸다. 그렇게 나는 그 책을 펼쳐서 보기 시작했고, 그 책은 부자가 되기 위해서 지금 내가 처한 현실을 어떻게 개선해야 할지 설명해줬다. 이 책을 다 읽은 후 나 혼자만의 시간을 가지고 곰곰이 생각했다. '그래, 진짜 내 인생을 살자.', '내가 자수성가해서 지금보다 더 큰 효도를 하자.'라고 말이다.

그렇게 나는 본격적으로 2020년 11월이 되던 날, 부자가 되기 위한 계획을 세우고 엄마에게 말했다.

"엄마, 나도 내 인생을 살 필요가 있을 거 같아. 내가 아무리 빚을 갚는다고 해도 우리 집 상황은 나아지는 게 보이지 않아. 내가 내 인생을 살지 않으면 나중에 불행해서 미칠 것 같아. 여태까지 내가 철없이 살아서 엄마가 나를 믿지 못할 수 있지만, 내가 증명할게. 진짜 나 자신이 어떤 사람인지 제대로 보여줄게."

지금 생각하면 책을 만난 게 나의 인생의 변환점이다. 원래 나는 책이라고 하면 거부하고 싫어했는데 말이다. 내가 책을 만나지 않았더라면 우리 집 빚만 갚으며 내 인생을 살지 못했을 것이다. 내가 행복하지 않았을 때, 책을 만난 게 행운이라고 생각한다. 그 이후로 계속 발전하면서 살아갈 힘도 얻었다. 나는 앞으로 살아가면서 힘이 들거나 위로가 필요할 때, 책을 더 읽기로 했다. 힘이 들 때나, 위로가 필요할 때 책을 보자. 책은 우리를 행복한 길로 인도해주는 도구니까.

02

책을 읽고 난 후 좋은 일들만 일어나기 시작했다

2015년 3월, 20세가 되던 해, 모델이 되고 싶어서 서울로 상경했다. 지방에 있다가 서울로 올라오니 정말 외로웠다. 친구도 없었고 밥이라곤 부모님이 주신 컵라면뿐이었다.

3월 초에는 밥, 컵라면, 김치로 일주일을 버텼다. 그 후에 라면이 다 떨어지면 밥이랑 김치로만 버텼다. 나는 다른 모든 것은 다 참을 수 있었지만, 배고픈 것은 도저히 참을 수 없었다. 돈이 한 푼도 없어서 엄마에게 용돈 좀 줄 수 있냐고 묻고 싶었지만 이야기할 수 없었다. 집 형편이 어려움에도 불구하고 부모님이 고시텔 비용도 내주고 있는데, 용돈까지 달라고 하면 너무 염치가 없다고 생각했다. 할 수 없이 여러 가지 고민을 하다 큰 마트에 가기로 했다. 바로 마트로 달려가서 시식 코너를 서성거리며 살 것처럼 행동하며 시식을 했다. 그러자 시식 코너 직원이 말했다.

"손님 맛이 어떠세요? 맛이 괜찮으면 제가 사은품 하나 더 얹어서 드릴게요."
"일단 한번 생각해보고 다시 오겠습니다."

내가 시식 코너에 갈 때마다 오갔던 말이다. 지금 생각하면 너무 힘들었다. 이 당시 나는 서울에서 아르바이트도 구하지 못했으니 말이다. 서울에 올라온 지 얼마 되지 않아 너무 힘들어서 고향에 내려가고 싶었던 적도 많았고 외로워서 울기도 많이 울었다. 하지만 시간이 지나면서 서울 생활에 적응하기 시작했고 자연스레 모델 친구들과 친해졌다.

어느 날이었다. 모델 수업을 하는데 갑자기 교수님께서 "모델은 스타일이 중요하다. 클럽에 가서 사람들이 어떻게 옷을 입고 스타일링 했는지 관찰해라."라고 말씀하셨다. 처음에는 나의 두 귀를 의심했다.
모델을 하는데 갑자기 클럽을 가라고 하다니. 도무지 이해할 수 없었다. 시간이 지나면서 한번은 같은 모델과 친구들이랑 클럽을 갈 기회가 생겼다.

처음에는 많이 고민했지만 같은 모델과 친구들이 가자고 해서 같이 가게 되었다. 클럽에 들어가기 전에 신분증 검사를 하고 바로 입장했는데 정말 신세계였다.

모델부터 연예인도 있고, 옷도 잘 입는 사람들이 많았다. 내 키가 185cm인데 나보다 키가 큰 사람도 정말 많았다. 거인의 천국이라고 표현해도 지나치지 않을 정도였다. 그리고 본격적으로 클럽 음악 소리가 크게 나왔다. 나와 함께 간 모델 친구들은 그 소리에 맞춰 신나게 놀았다. 나는 처음에는 제대로 놀지 못해 무리에 잘 어울리지 못했다. 클럽이 처음이기도 했고 사람이 너무 많다 보니 적응이 되지 않았다. 하지만 시간이 지날수록 점점 클럽의 분위기에 적응하게 되고, 나도 모르게 몸이 자동으로 움직였다. 그 후로 클럽의 재미를 알게 되었다. 그렇게 나는 틈만 나면 친구들이랑 매일 같이 클럽에 가서 놀았다. 일주일에 4일 연속으로 논 적도 있다. 정말 미친놈처럼 놀았던 것 같다.

그러다 2016년 5월에 갑자기 이런 생각이 들었다. '이렇게 매일 놀면서 나에게 도대체 이득이 되는 것이 있을까?' 이후 내 미래에 대해서 고민을 많이 했다. 군대도 가야 하는데 모아둔 돈은 없으니 말이다. 일단 서울에 있으면 돈이 모이지 않을 것 같아서 바로 고향으로 내려가 아르바이트를 시작했다.

4개월 정도 아르바이트를 하고 군대에 갔다 와서 2018년 10월에 전역했다. 하늘을 날아갈 정도로 기분이 좋았다. 군대도 전역했으니 기념으로 친구들이랑 술집을 갔다.

친구가 술 마시면서 나에게 말했다.

"오늘 전역했으니, 아무 생각 없이 신나게 놀자."
나도 이 기분을 누리고 싶어서 말했다.
"좋지! 인생 뭐 별거 있나. 우리 젊으니까 오늘만 미치자. 애들아, 오늘 불타는 열정에 취하고 다 같이 죽자."

이 당시 술을 미친 듯이 마셨다. 1차로 술을 마시는 것이 끝나면, 2차, 3차로 놀았다. 피곤함을 잊어버리면서 놀았다. 해가 뜰 무렵에도 나는 취한 상태였고, 술자리가 끝나면 비틀거리며 걸었다. 힘겹게 걸어서 집에 도착했을 때는 씻지도 않고 술 냄새가 찌든 상태로 잠이 들었다. 이런 생활을 한 달 동안 반복했던 것 같다.

지금 생각하면 매일 친구 만나서 술도 마시고 사람 구경도 하던 이때 당시가 재미있긴 했다. 그런데 직장 생활을 하면서 가끔 이런 생각을 했다.

'지금까지 내가 의미 있는 인생을 살았던 적이 있나?'

솔직히 말하면 없었던 것 같다. 어렸을 때, 공부도 한 적이 없고, 말도 잘 안 듣고, 노는 데 미쳐 있었으니까. 나에게 남은 건 놀았던 기억이 전부다.

내 삶을 제대로 설계한 적이 없었다는 생각에 미쳐버릴 것 같았다.

앞으로 어떻게 살아야 할지 고민하다 우연히 송희창의 『엑시트』라는 책을 읽게 되었다. 이 책에서 감명 깊이 읽은 내용이 있다.

'사람은 자신이 그린대로 삶을 살게 됩니다.'

이 문장을 읽고 많은 생각을 했다. 내가 부정적으로 생각을 하면, 부정적으로 살게 될 것이고, 긍정적으로 생각하면 긍정적으로 살게 될 것이다. 정말 그렇다. 나의 과거를 되돌아보며 많은 반성을 하게 되었다. 과거의 나는 그냥 놀기만 바쁜 놈이었다. 그러다 보니 그냥 되는대로 살게 되었다는 것을 깨달았다. 그런데 지금은 다르다. 나는 매일 행복하고 성공할 수 있다고 생각한다. 절대 부정하지 않는다. 이런 생각을 습관처럼 하고 실천하다 보니 내 인생은 과거와 비교했을 때 정말 좋아졌다.

한번은 오랜만에 만나는 친구와 카페에서 보기로 했다. 만나서 인생

이야기를 나누다가 친구가 나에게 한 말이 있다.

"너 예전에 내가 알던 호걸이 맞아?"

"응, 맞아. 왜?"

"너 예전에는 매일 우울해 보였는데, 요즘은 좋은 일이 있는 것처럼 보여."

"예전에는 정말 힘들었는데 책을 읽으면서 마음이 편해지고 책의 내용대로 실천하니 일이 잘 풀리기 시작했어."

이 친구는 내 말을 듣고 책에 관심을 가지기 시작했다. 원래 책이라곤 관심이 없던 친구인데, 무슨 심경의 변화가 있었는지 모르겠지만 책을 한 권씩 읽고 실천하기 시작했다. 그러자 이 친구는 과거와는 다르게 모든 일이 순탄하게 풀리기 시작했다. 정말 놀랄 정도로 말이다. 현재 이 친구는 취업에 성공했고 하는 일마다 잘 풀리고 있다. 그 모습을 보면 정말 뿌듯하다.

나는 매일 책을 읽을 때 행복하다. 책이 없으면 하루가 불안하고, 하루라도 독서를 하지 않으면 답답하다. 그만큼 독서는 나에게 유일한 쉼터 같은 존재이다.

내가 책을 읽고 바뀌니 다른 사람도 나를 좋게 보고 내가 책을 읽는 것에 관심을 가지기 시작했다. 이러한 변화는 나를 뿌듯하게 한다. 책을 읽은 지 1년이 되지 않았는데, 삶의 많은 부분이 바뀌었다. 지금도 가끔 나 자신에게 놀랄 정도로 말이다. 나는 책을 만나서 좋은 일들만 생기기 시작했다. 당신도 좋은 일만 생기길 바란다면 책을 읽었으면 한다.

03

독서만큼 현실적인 자기계발은 없다

"야! 너 왜 놀고 있어? 빨리 일해."

대부분 직장에 다니는 사람이라면 공감할 것이다. 나는 LG디스플레이 회사에서 품질검사팀 소속으로 휴대폰, 노트북, 태블릿 PC 등에 들어가는 글라스의 두께를 측정하는 일을 한다. 내가 하는 일은 다른 직원들이 하는 일에 비하면 편하고 쉬운 일이다. 20개의 글라스가 들어있는 박스 하나에서 글라스 2개의 두께만 측정하면 평균적으로 4분 안에 일이 끝난다. 내가 할 일을 다 끝내면 할 것이 없어서 앉아 있곤 했다.

그러자 전산 일을 하시는 누나가 눈을 찡그리며 나에게 말했다.

"야! 너 다 했으면 이것 좀 도와줘, 쉬지 말고 일해."

그 당시에 다른 사람들도 다 자기 할 일이 끝나고 앉아 있었다. 처음에는 내가 이 회사에 입사한 지 얼마 되지 않았으니까 당연히 해야 하는 것으로 생각하고 시키는 대로 했다. 그러나 몇 개월이 흐르고 다른 사람은 일을 다 끝내고 앉아 있을 때도 여전히 나에게만 일을 시켰다. 참다가 결국 폭발해서 전산 일을 하는 누나에게 말했다.

"다른 사람도 다 앉아 있는데 왜 저한테만 일을 시키세요?"
"다른 사람들은 다 힘들게 일하는데 넌 편하게 일하면서 놀고 있으니까."

내가 일도 편하고 할 게 없을 때 쉬면서 일하긴 했지만 다른 사람도 크게 다를 것이 없었다. 나는 '어차피 나이도 어리고 지금 일하는 부서도 편하니까 감사하게 생각하자.'라고 속으로 생각하며 넘어갔다.

다음 날이었다. 한 번은 아침에 와서 청소하고 있는데 그 전산 하시는 누나가 나에게 "야, 여기도 하고 여기도 해야지."라며 나를 노예대하듯 말을 해서 화가 났다.

나는 그 누나에게 "그만해요. 지금 하고 있잖아요."라고 말했다. 점점 목소리가 커지며 서로 싸우기 시작했다. 5분 정도 말다툼을 하다 더 이야기하면 일이 커질 것 같아서 그냥 내가 뒤로 물러나기로 했다.

일이 끝나고 집에 왔는데 회사에서 그 누나랑 말다툼했던 것이 머릿속에 맴돌았다. 화가 풀리지 않아서 잠이 오지 않았다. 도저히 참을 수 없어서 스트레스를 해소할 만한 것을 생각하다가 운동을 하기로 했다. 가볍게 근력운동을 하고 끝난 후에는 바로 샤워를 했다. 땀을 흘리며 운동을 한 후 씻고 나왔을 때 스트레스가 풀리며 날아갈 것 같은 기분이 들었다. 곧바로 잠자리에 들었다.

하지만 그것도 잠깐이었다. 다시 회사에 출근하면 일로 인해 싸우곤 하는 일상이 지속해서 반복되고 있었다. 매일 싸우고 회사로 인해 스트레스를 받는 것이 너무 싫었다. 나는 어떻게 하면 내가 화를 내지 않고 회사 생활을 할 수 있을지 고민했다. 얼마 후, 시간이 지나면서 고민에 대한 해답이 나왔다. 답은 바로 책이었다.

대부분 사람은 책에서 많은 힘을 얻는다. 남에게서는 위로받지 못하는 일이 책을 읽으면서 위로가 되고, 다시 일어날 용기가 생겼다. 책은 내가 해결하지 못하는 문제가 있거나 삶이 풀리지 않을 때, 해결책을 제시해주는 스승님 같은 존재였다.

사람들은 보통 유튜브, 네이버, 구글 등 인터넷에서 검색한 정보나 영상 매체에서 나오는 정보들이 전부 맞는 것처럼 말한다. 지금 빠르게 알면 좋은 지식은 좋다고 생각한다. 하지만 내용의 깊이 면에서 검색을 통해 얻을 수 있는 정보는 퀄리티가 떨어진다.

검색, 영상에서 얻을 수 있는 정보는 심도 있는 지식을 다루기보다는 기본 정보만 빠르게 얻을 수 있다고 생각한다.

세상에는 무료로 제공되지 않는 비싼 정보가 많다. 우리가 듣기 어려운 정보는 각 분야의 전문가들이 가지고 있다. 보통 사람들이 귀한 정보를 들으려고 한다면 비용은 최소 1시간에 100만 원 이상 지불해야 한다. 누군가에겐 가치가 있다면 비싼 비용은 아니지만, 보통 사람들은 그 금액이 비싸다고 생각할 것이다.

현실적으로 일반 사람들이 큰 비용을 들이지 않고 지식을 얻을 수 있는 방법은 무엇일까? 바로 책을 읽는 것이다.

한 권의 책이 완성되려면 수많은 공부와 연구를 해야 하며 오랜 시간을 투자해야 한다. 우리는 책을 통해 2만 원도 되지 않는 저렴한 가격에 저자의 지식, 철학, 메시지, 그리고 삶의 경험 등을 다 느끼고 배울 수 있는 것이다.

내가 생각할 때, 독서보다 투자 대비 수익률이 높은 상품은 존재하지 않을 듯 하다.

요즘에는 영상이나 검색을 통해 많은 정보를 얻을 수 있다고 생각하기 때문에 독서하는 사람들이 많이 없는 것 같다.

이런 부류의 사람들은 독서 하는 사람이랑 비교할 때, 모든 면에서 격차가 많이 벌어질 것이다. 만약 당신이 책을 살 돈이 여의치 않다면 도서관이라도 가라. 이렇게 좋은 환경이 갖추어져 있음에도 책을 읽지 않겠다면 그냥 게으른 사람이다.

대부분 사람은 일 때문에 바빠서 책을 읽을 시간은 없다면서 유튜브, TV, 게임 등에 빠져 있다. 그 시간의 10분의 1이라도 책을 읽는 데 투자한다면 많은 책을 읽을 수 있을 것이다.

영상 매체가 범람하고 있는 세상이어도 세계의 유명한 사람들은 독서의 중요성을 강조한다. 마이크로소프트의 창업주이자 세계 제일의 부자로 알려진 빌 게이츠는 인터뷰에서 이렇게 말한다. "오늘날의 나를 만든 것이 동네의 도서관이었다."라고 말이다.

나는 현재에 충실하고 나 자신부터 알기 위해서 노력한다. 과거에는 반성해야 할 나쁜 습관이 많았다. 과거의 내가 바뀔 수 있던 방법은 독서였다.

독서는 삶을 충실하게 살 수 있는 배움을 준다. 책은 정말 나에게서 뗄 수 없는 존재이다.

회사 생활을 할 때, 회사 선배 한 분이 나에게 말했다.

"너는 나이가 어려서 좋겠다."
"갑자기 무슨 말이에요?"
"내가 네 나이로 돌아간다면 인생을 다시 살고 싶어."

그리고는 자신이 과거의 일은 정말 후회하며 반성하고 있다고 하소연하며 나에게 이야기했다. "너는 형처럼 살지 말라."라고 말이다.

나보다 인생을 먼저 살아간 자신의 과거를 이야기하며 나에게 조언을 해주는 것은 좋은 일이다. 하지만 한 사람이 얻을 수 있는 경험은 한정되어 있다. 그렇다고 내가 많은 사람을 만나서 조언을 다 구할 수 있는 것도 아니다. 나는 독서를 통해 삶에 대해서 조언을 얻는 게 좋다고 생각한다.

독서를 하며 책을 쓴 저자의 과거 경험을 통해 현재에는 이렇게 살고 앞으로 어떻게 살아야 할지 많은 조언을 구할 수 있다. 내가 시간이 없어서 만나지 못하는 사람을 책으로 대신하는 것도 좋은 방법이다.

앞으로 살아가면서 힘든 일이 더 많을 수 있다. 사람 일은 어떻게 될지 모른다. 한 치 앞도 알 수 없고, 어떻게 흘러갈 수 있을지는 전문가도 알 수 없다. 그게 인생이다.

우리가 할 수 있는 것은 미래에 희망을 품고 사는 것이다. 미래에 희망을 품을 수 있게 도와주는 도구는 독서라고 말하고 싶다. 나는 독서만큼 효율적인 자기계발은 없다고 자신 있게 말할 수 있다.

04

책을 읽고 삶의 목표를 정하라

대부분의 사람은 어떤 일을 시작하려고 할 때, 너무 만만하게 생각하고 시작하는 사람들이 많다. 아무 시도조차 하지 않는 사람보다는 낫다고 생각하지만, 세상은 그리 만만하지 않다.

이런 사람은 어떤 일을 쉽게 도전하다 장애물을 만나게 되면 순식간에 무너지는 경향이 있다. 예상 시간보다 오래 걸려 포기하는 사람도 있고, 포기하지 않더라도 아무것도 하지 않고 잘 되기를 바라며 대책 없이 기다리는 사람도 많다. 내가 3가지를 예시로 들어 말하겠다.

첫 번째, 장사

길거리를 걷다 보면 1년이 되지 않아 바뀐 가게들을 많이 본다. 술집, 음식점, 카페 등 무수히 많다. 왜 그렇다고 생각하는가?

사람들은 장사를 너무 쉽게 생각하는 것 같다. 처음 돈을 벌겠다고 장사에 뛰어들지만 대부분 망해서 가게 문을 닫는다. 이런 부류의 사람은 그냥 목표 없이 무작정 덤비는 사람들이다. 여러분이 장사를 너무 쉽게 생각하는 경향이 있는데, 장사는 쉬운 것이 절대 아니다.

개인적으로는 장사가 제일 어렵다고 생각한다. 인테리어 디자인, 음식, 서비스, 상권분석, 비용, 분위기, 사람 등 신경을 써야 할 부분이 무수히 많다. 이런 부분들을 신경 쓰고 열심히 해도 살아남을까 말까다.

만약, 장사하고 싶은 사람이라면 신중하게 생각하고 하기를 바라는 마음이다.

두 번째, 주식

요즘 물가는 높아지고 금리는 낮아져 주식을 하는 사람들이 많아졌다. 카페, 회사, 길거리 등 주변에서 대부분 주식 이야기를 한다. 투자하지 않으면 오히려 바보가 되는 시대니까. 주가가 올라갈 때, 주식을 매수해서 손실이 나는 사람을 많이 본다. 당신은 어떻게 생각하는가? 내 개인적인 생각은 이런 부류의 사람들은 자신만의 기준이 없고 남들이 매도할 타이밍에 투자해서 손실을 발생하는 유형, 쉽게 말하자면 목표가 없고 무작정 대책 없이 투자하는 유형이다. 투자가 아닌 투기에 가깝다고도 말하고 싶다.

제대로 된 투자를 하고 싶다면, 미래에는 어떤 종목이 괜찮을지, 사전 조사를 먼저 하자.

종목을 골랐다면, 기업의 재무제표를 보고 어떤 사업을 하는지 유심히 보자. 그 후에 언제 매수할지 정하고 언제 매도할지 정해라. 자기만의 뚜렷한 기준과 목표가 있어야 제대로 된 투자를 할 수 있다.

세 번째, 운동

운동의 대표적인 예로 근력운동을 말하고 싶다. 근력운동을 하려고 하면 처음에는 정말 열정적으로 임한다. "내가 운동을 안 해서 그렇지, 마음만 먹으면 몸짱 되는 것은 아무것도 아니야!"라며 말한다. 그런데 나는 실제로 그렇게 말하고는 꾸준히 운동을 한 사람을 본 적이 없다. 처음에 그 열정적인 마음가짐은 어디 갔는지 모를 정도다.

한 달 정도 운동을 하면, 보디빌더처럼 근육이 튀어나온다고 생각하는 사람이 많은 것 같다. 천만에, 절대 그렇게 될 수 없다. 만약 그게 가능하다면 세상 사람들은 전부 보디빌더처럼 되었을 것이다. 하지만 예외도 있다. 하루 시간 중에 절반 이상을 운동에 몰입하며 식단을 조절하며 했을 때는 가능할 수 있다. 단, 본인이 하기 나름이겠지만 말이다.

본인이 근력운동을 어떻게 체계적으로 해야 하는지 생각해보았는가?

만약 계획 없이 무작정 하겠다고 한다면, 안 하는 것보다 못하다.

성공하는 사람들은 어떤 일이든 시작하기 전에 그 분야에 대해서 철저하게 분석하고 체계적으로 준비한다. 이 3가지 예시에 포함되는 내용만 말하는 것이 아니다. 다른 일도 마찬가지다.

내 또래 친구들을 만나면 자주 듣는 말들이 있다.

"회사 생활 너무 지옥 같다. 하루라도 빨리 성공하고 싶다."
"너는 나중에 어떻게 해서 성공하고 싶은데?"
"그냥 일단, 뭐 열심히 돈을 벌고 나중에 잘 생각해봐야지."
"야! 성공하고 싶으면 지금이라도 당장 목표를 정하고 하루라도 빨리 실천해야지."
"지금은 회사 때문에 바쁘고 피곤해서 일단은 돈을 버는 데 집중하고 나중에 생각할래."

이런 말도 안 되는 핑계를 대고 있다. 정말 성공하고 싶은 사람의 태도인가? 성공은 하고 싶은데 지금 일이 바빠서 나중으로 미루겠다는 것은 상식적으로 말이 되지 않는다. 내 생각에는 목표도 없고, 성공에 대해 간절하지 않은 것 같다.

그런 나약한 정신으로 도대체 무슨 일을 하겠다는 거지? 그냥 말만 성공하고 싶다고 말하고, 목표도 없고 실천을 하지 않는 사람한테 무슨 말을 해야 할까? 밥상에 밥까지 차려주고 숟가락으로 다 떠먹여줘야 하는가? 세상에 절대로 그냥 되는 일은 없다. 만약 아무 목표와 노력 없이 그냥 되는 일이 있다면 나에게 말해줬으면 좋겠다. 진짜로 있다고 한다면 무조건 사기일 가능성이 크다.

나는 이렇게 말로만 떠들어대고 행동으로 옮기지 않는 사람이 세상에서 제일 싫다. 말을 너무 쉽게 뱉는 거 아닌가? 다른 말로 표현하면, 거짓말하는 것과 다름없다.

만약 당신이 목표를 어떻게 잡아야 할지 모르고, 방황하고 있다면 해결책을 알려주겠다.

일단 먼저 유튜브에 들어가서 목표에 관련된 영상을 보자. 그러면 어떻게 목표를 설정하는지 해결책을 제시해줄 것이다. 단, 영상으로만 보는 것은 한계가 있다. 인터넷에서 제공하는 영상은 빠른 해결책을 제시만 해줄 뿐이다.

깊은 내용과 진정한 해결책을 제시해주는 건 책이다. 삶의 목표를 구체적으로 정하고 싶다면 성공한 사람의 책을 구매하는 것을 권장한다.

성공한 사람들의 책을 읽으면서 한 가지 비슷한 공통점이 있다는 것을 발견했다. 그건 바로 가난한 환경에서 태어났다는 이야기이다. 보통 사람들은 가난한 환경에서 태어나면 "나는 지금 돈도 없고, 인맥도 없고, 성공할 수 없는 환경이다."라고 말한다. 그것도 모자라서 가난하게 태어났다는 이유로 부모님을 원망한다. 부모님이 힘든 고통을 참아가며 우리를 세상에 낳아주셨는데 말이다.

반면, 성공한 사람들은 다르다. 이런 부류의 사람은 절대 환경 탓을 하지 않는다. 그리고 목표를 잡을 때, 구체적으로 잡고 바로 실행하는 스타일이다. 수많은 과정을 걸어가면서 실패할 수도 있다. 보통 사람들은 실패하면 거기서 끝나는데, 성공한 사람들은 자신의 문제점이 무엇인지 파악하고 다시 삶의 목표를 새롭게 설정하여 실행한다. 실패하는데도 포기하지 않고 끊임없이 달릴 수 있는 에너지는 목표에서 나오는 것이다. 한 가지 더 추가해서 말하면 간절한 마음도 크다. 가난했던 예전의 환경으로 다시는 돌아가고 싶지 않은 마음이 크니까.

당신은 왜 목표를 잡고 실천해야 하는지 정확한 의미를 모르고 있다면, 부분은 정말 고쳤으면 좋겠다.

목표가 있는 사람과 목표가 없는 사람은 차이가 어마어마하다. 상상도 할 수 없다. 목표가 있는 사람에게는 삶을 살아가는 과정이 즐겁고 영화 주인공처럼 다음 이야기가 더 기대되고, 즐거울 것이다. 반면, 목표가 없는 사람은 처음에는 열심히 하겠다는 마음을 가지고 삶을 살아가겠지만, 나중에는 지쳐 중도에 포기할 것이다. 이 책을 읽는 당신만이라도 포기하지 않고 자신이 원하는 삶을 살았으면 좋겠다.

05

많은 사람들이 스스로 불행하다고 여기는 이유

과학 분야 강연자 중에 유명한 박사가 있다. 뇌 과학 박사로 잘 알려져 있고 여러 방송에서도 활동하시고 있는 장동선 박사다. 장동선 박사가 한 말 중에 이런 말이 있다.

"삶은 예측하기 어렵다. 언제 병에 걸릴지, 사고를 당할지, 갑자기 삶이 끝나버릴지 알 수 없는 것이 인생이다. 본질적으로 예측이 안 되는 삶을 살지만, 이 불가능을 극복하고자 늘 예측을 시도하는 것이 우리의 뇌다. 뇌가 존재하는 이유는 미래를 예측하기 위함이라고 뇌과학자들은 이야기한다. 모든 일을 예측하기에는 한계가 있기에, 우리의 뇌는 생존을 위협하는 신호들에 민감하다. 병, 사고, 죽음처럼 부정적인 자극에는 더 많은 주의와 관심을 기울인다. 그러다 보니 평화로운 마음으로 가득 차서 행복감을 느끼는 순간들보다 뭔가 문제가 터져서 어떻게 해야 하나 걱정하거나 스트레스를 받는 순간들이 더 많아지는 것이 당연하다."

세상을 살아가다 보면 즐거운 일도 있고 행복한 일도 있기 마련이다. 누구에게나 인생은 만만치 않은 여정이다. 내 주변 사람들을 보면 항상 어떤 일을 시작하기 전에 걱정을 먼저 한다. 그리고 다른 사람이 어떤 일을 시도하려 하면 그 일을 시도했던 사람들의 경험담을 이야기하며 이렇게 이야기를 한다. "나 아는 지인이 그 일을 시도했었는데, 돈도 부족하고 환경도 좋지 않았어." 대부분 이런 방식으로 말한다. 만약 어떤 일을 시도했을 때, 실수하거나 실패하면 "거봐 그럴 줄 알았어."라고 말하며 상황을 개선하는 데 전혀 도움되지 않는 말을 한다. 나는 이런 사람을 이해할 수 없다. 왜 처음부터 안된다는 생각을 깔고 실패하면 험담을 하면서 사는지 말이다. 이런 부류의 사람들은 특징은 무엇일까?

[불행하다고 느끼는 사람의 특징]
첫 번째, 다른 사람을 험담하거나 부정적인 말을 시도 때도 없이 한다.
두 번째, 자신의 장점이 아닌 단점에만 집중하는 경향이 있다.

세 번째, 매사에 비판적이고 불만이 많다.

네 번째, 자신을 다른 사람과 비교하며 시기 질투를 한다.

다섯 번째, 타인이 실수하거나 잘못한 것이 있으면 용서하지 않는다.

여섯 번째, 어떤 것이든 쉽게 포기하는 경향이 있다.

내가 인생을 살면서 정말 화가 났던 두 가지 에피소드가 있다. 첫 번째는 회사에서 생긴 일이다. 내가 쉬는 시간에, 부동산에 관련된 영상을 보고 있었는데 회사 형 한 명이 나에게 "부동산 공부 왜 해? 하려면 돈도 있어야 하고, 신경 쓸 것도 많은데." 이런 식으로 비꼬며 말했다. 무슨 생각으로 이런 식으로 이야기를 하는지는 모르겠다. 두 번째는 내가 일을 하다가 뒷담을 들었을 때의 이야기다. 일하다 할 일이 없어 친한 회사 형과 대화를 나누려고 했는데 그 형이 나에게 말했다.

"호걸아, 왜 사람들은 네 뒷담을 하고 그러는지 잘 모르겠다."

나는 궁금한 마음에 그 형에게 물어봤다.

"네? 누가 제 뒷담을 했어요?"

"응. 나는 네가 일도 잘하는 거 같은데 왜 사람들이 네 뒷담을 하고 그럴까?"

나는 이 이야기를 들었을 때 화가 너무 많이 났다. 아니, 불만이 있고 할 말이 있으면 나에게 직접 와서 말하면 되는데 왜 뒤에서 말하는지 말이다. 앞에서 말하지 못하고 뒤에서 남의 험담을 하는 건 좋지 않은 행동이다. 그렇게 뒤에서 누구 험담하고 까는 게 좋은 행동일까.

정말 이해할 수 없다. 이런 사람들은 생각부터 바꿔야 한다. 생각을 바꾸지 않으면 절대 성공할 수 없다. 어떻게 하면 바뀔 수 있는지 앞서 설명하려고 한다.

일단, 먼저 마음속에 뿌려진 부정의 씨앗을 없애버리자. 이런 마음을 가지고 있다면 어떤 일을 시작도 하기 전에 포기한다. 설령 시작했더라도 부정적인 마음이 가슴 깊게 자리 잡고 있다 보니 중간에 포기하게 된다. 어떻게 보면 자기 자신을 조금이라도 의심하는 마음이 있기 때문이다. 이러니 어떤 일을 시작하더라도 대부분 불리하고 결과가 좋지 않은 것이다.

반면, 긍정이라는 씨앗을 가진 사람은 느낌이 다르다. 긍정적인 사람은 어떤 일을 시작하기 전에 안된다는 생각을 하지 않는다. 처음부터 된다는 생각을 전제로, 바로 행동으로 옮기는 스타일이다. 한 번 시도했던 일이 실패로 돌아가도 포기란 없다. 어떤 상황에 처했을 때 "무슨 방법이 있을 거야." 라고 생각하며 해결하려 노력하고, 그런데도 상황이 나아지지 않는다면 원인이 되는 문제점을 찾고 개선하는 것이다. 다시 반복하고 생각하고 실행해야 성공에 가까워질 수 있다. 성공한 경험이 한 개씩 쌓이면 자신감이 높아진 상태로 일을 시작하게 될 것이고 매사에 긍정적인 성격으로 바뀌게 된다.

영화 〈아이언맨〉의 실제 모델로도 유명한, 미국 테슬라의 CEO 일론 머스크를 이름만 대면 누구나 알 것이다. 현재 그는 전기차 회사 테슬라 CEO로 많이 알려져 있지만, 그의 진짜 사업은 민간 로켓 기업 '스페이스X'다. 그는 어렸을 때, 한 게임기를 만들어 게임잡지에 500만 파운드를 받고 팔 정도로 재능이 특출났다. 책벌레로도 유명해서 다양한 책을 많이 읽었다고 한다. 그럴수록 주변 친구들의 질투도 심해져 왕따를 당하고 심한 괴롭힘을 당했다고 한다. 이렇게 힘든 학창 시절을 보내던 시기에 부모님은 이혼했고 이 당시 일론 머스크는 힘들고 불행했다고 한다. 하지만 그는 포기하지 않고 우여곡절 끝에 '스페이스X'를 설립하고, 비전을 발표했다. 처음에는 대부분의 사람이 비현실적이라고 조롱하며 비웃었다. 로켓을 만들어 우주에 쏘기까지 엄청난 기술이 필요하고 우리가 상상할 수 없는 천문학적인 돈이 들어간다. 이런 민간 우주기업은 일론 머스크 이전에도 억만장자들 사이에서 만들어진 적이 있었다. 우주 사업이라는 것이 수익을 내기도 어렵고 엄청난 비용이 들어갔지만 결국 죄다 망했다. 이런 기록도 비현실적이라고 말하는 이유 중의 하나일 것이다. 일론 머스크는 다른 사람의 시선을 신경 쓰지 않고 유능한 공학자들을 섭외해 로켓을 만들고 발사하는 일에 도전했지만 실패했다. 두 번째, 세 번째도 모두 발사했지만 실패했고, 결국, 재정난까지 겪게 되었다. 게다가 그는 2008년 세계금융위기가 겹치면서 자금 조달도 어려워 힘들었던 시기를 보낼 수밖에 없었다.

만약 일론 머스크가 부정적인 마음을 가지고 포기했다면 그의 역사는 거기서 끝이었을 것이다. 하지만 그는 이런 실패를 극복하고 포기하지 않은 끝에 네 번째 로켓을 발사했고 극적으로 성공할 수 있었던 것이다.

처음부터 모든 일을 할 때, 안 될지 재보고 시작했다면 세상의 모든 위대한 일은 일어나지 않았을 것이다. 내가 처음 도전하는 일이 있을 때, 엄마가 나에게 항상 했던 말이 있다. "지금도 잘하고 있는데 왜 위험을 무릅쓰고 도전하려고 하는 거야, 그러다 실패해서 빚이 생기면 어쩌려고 그래?" 처음부터 걱정만 앞서 이야기한다. 이해하지 못하겠다. 세상에 쉬운 일이 어디 있겠는가. 앞이 보이지 않아도 1%의 가능성이라도 있으면 도전해야 한다. 포기하지 않고 꾸준히 도전하면 1%의 가능성은 그 이상으로 계속 늘어날 것이다.

우리는 인생을 살면서 불안하고 두려울 때도 많다. 인생은 정말 예측할 수 없으니까 불안한 것이 당연하다. 그렇다고 계속 걱정만 하고 근심만 가득 안은 채로 살아간다면 한없이 불행해질 것이다. 이 상황이 지속해서 반복되면 상황은 더 비참해진다. 그러니 항상 긍정적인 마음을 가졌으면 좋겠다. 처음부터 긍정의 마음을 가지는 건 쉽지 않다. 그러니 매일 하루에 10분이라도 좋으니 '나는 행복한 사람'이라고 자기 암시하자. 매일 습관적으로 말하다 보면 나도 모르게 긍정적인 사람으로 바뀔 것이다. 자, 이제 당신이 선택해라. 계속 불행한 삶을 살 것인지, 아니면 행복할 삶을 살 것인지 말이다.

06

어떻게 인생을 살아갈 것인가?

"호걸아, 지금 당장 공부해야지."

학창 시절에 엄마가 나에게 항상 하시던 말이다. 내가 세상에서 제일 듣기 싫은 말 중 하나일 정도다. 나는 가만히 앉아서 하나에 몰두하는 스타일이 아니다. 움직이는 것을 좋아한다. 초등학교 수업 시간에 선생님이 열심히 설명하시면 다른 친구들은 다 듣고 있고, 나는 낙서를 했다. 그 정도로 공부가 지루했고 나의 관심 밖이었다. 선생님이 지적해도 잠깐뿐이었다.

학교에서는 낙서하고 집에 들어가면 컴퓨터 게임을 했다. 매일 이런 생활이 일상이었다.

그러다 시간이 흘러 중학교에 입학하는 날이 다가왔다. 이 당시 꿈은 한의사였다. 공부를 열심히 해서 좋은 대학에 가려는 큰 포부가 있었다.

'정말 열심히 해야지. 반드시 반에서 5등 안에 들어야지.'

반 배정을 받고 중학교 첫 수업을 시작했을 때 심장이 두근거렸다. 초등학교 다닐 때는 사복을 입고 등교했는데 중학교에 등교할 때 멋진 교복을 입고 수업을 들으니 내가 우등생이 된 것 같은 기분이 들었다. 그렇게 하루 일과가 끝나면 집에 가서 열심히 공부했다.

하지만 그것도 잠깐이었다. 시간이 지나면서 공부를 소홀히 하고 수업 시간에 잠을 잤다. 어느덧 중학교 2학년이 되었을 때였다. 소위 말하는 사춘기가 왔다. 다른 말로 표현하면 질풍노도의 시기라고도 할 수 있겠다. 입학할 때 열심히 하겠다는 열정은 어느새 식어버렸다.

학교 수업 시간에는 잠을 자고 집에서는 공부하는 척하며 몰래 게임을 했다. 어떻게 보면 눈속임하기 바빴다.

어느 날, 엄마가 나에게 영어를 가르쳐준 적이 있다. 처음에 주어, 동사, 목적어 등 이런 식으로 계속 알려줬다. 엄마가 나에게 영어 문장에 대해서 질문하면 나는 답을 하지 못했다. 처음에는 제대로 하지 못하면 다시 알려주셨다. 하지만, 계속 알려줘도 계속 모르니 나중에는 엄마가 화를 내면서 나에게 말했다.

"몇 번을 알려줬는데 왜 이렇게 못하는 거야? 머리에 무슨 똥이라도 들었니?"

"아니, 내가 공부 못하는 것이 그렇게 죄야?"

"그래! 당연히 죄야. 공부 못하면 너 나중에 밥 먹고 못 살아!"

"무슨 말도 안 되는 소리야! 공부가 인생의 전부야?"

"당연하지! 너 공부 못하면 아빠처럼 노동하면서 사는 수밖에 없어."

계속 말다툼을 하다 화를 참지 못해 나는 엄마에게 큰 소리로 말했다.

"XX, 그냥 공부 다 때려치우자."

"너 방금 욕했어? 이 XXX야 지금 내 앞에서 욕했어?"

"난 혼나면서 공부하는 게 싫어. 그냥 난 내 멋대로 살 거니까 공부 때려치운다."

"그래! 네 마음대로 해. 어디 나가서 썩어져버려라."

엄마와 나는 서로 말을 하지 않고 조용히 자기 방으로 들어갔다. 후회도 많이 밀려왔다. 내가 왜 욕을 했을까? 지금 생각하면 너무 죄송하다. 그 당시를 생각하면 내가 너무 한심하고 정말 바보 같았다는 생각이 든다. 아무리 그래도 엄마 앞에서 실수로 욕을 했으니까. 이 상처는 지금까지도 엄마 가슴 속에 남아 있을 것이다. 엄마 입장에선 내가 공부를 잘하지 못하면 아빠처럼 매일 힘든 몸 쓰는 일을 해야 했기 때문에 걱정이 되었던 것 같다.

이 부분에서 공감이 간다. 우리 부모님 세대에는 태어나서 먹을 것이 풍족하지 못했고, 대부분 가난한 환경이었다. 나이가 어리면 어떻게든 참아야 하고, 버텨야 한다. 먹고 싶은 것, 입고 싶은 옷, 게임기, 장난감 등 가지고 싶은 것이 있어도 눈으로만 봐야 했다.

우리 아빠는 공부도 제대로 하지 못해서 소를 데리고 풀을 뽑고 농사를 했다. 배우고 싶은 것이 있어도 배울 수 없으니 지금도 한이 많이 남을 것이다.

21세기는 어떤가? 세상이 정말 좋아졌다. 인터넷부터 시작해 2G폰에서 스마트폰으로 바뀌고 있다. 세상은 정말 많이 좋아졌다.

집에서 공부하다가 집중이 되지 않으면 카페에서 공부하면 된다. 먹고 싶은 것도 마음껏 먹을 수 있고, 얼마나 좋은 환경인가?

개인적으로 내 생각은 공부가 아니어도 먹고 살 수 있는 일은 많다. 공부가 인생의 전부는 아니니까. 예를 들어, 노래, 연기, 운동 등 자신이 특출나게 잘하는 것이 있으면 그 재능을 살려 열심히 하면 된다.

무일푼에서 백만장자가 된 세계적인 성공컨설턴트인 브라이언 트레이시의 명언 중에 기억에 남는 말이 있다.

"자신이 하는 일 중에 열의 아홉은 실패하기 마련."

원래 인생이라는 것은 자기 뜻대로 이루어지지 않는다. 그래서 대부분의 사람들은 성공하는 인생보다 평범한 인생에 맞춰 살고 있다. 어떻게 보면 정말 극소수만이 꿈을 실현하면서 원하는 인생을 살고 있다.

어느 날이었다. 아르바이트를 할 때 친했던 매니저 형이 기분 전환도 할 겸 같이 술을 마시자고 했다. 나는 집에서 옷을 입고 술자리에 갔다. 우리는 서로 자리를 잡고 바삭하고 매콤한 양념치킨과 맥주 500cc를 시켰다. 오랜만에 먹는 치킨과 시원한 맥주라서 기분이 좋았다. 치킨을 먹는 도중에 매니저 형이 나에게 말했다.

"호걸아, 너는 나중에 어떻게 살고 싶어."
"저는 나중에 돈을 많이 벌어서 잘살고 싶어요. 형은 어떻게 살고 싶으세요?"
"나는 굶어 죽지 않을 정도만 돈을 벌고 행복하게 살고 싶어."
"왜요? 형은 돈을 많이 벌고 싶지 않아요?"

"나도 욕심은 있지만 돈보다 하루를 의미 있게 행복하게 사는 것이 좋아. 사람은 언제 죽을지 모르는데, 하루를 살아도 행복하게 사는 게 의미 있다고 생각해. 내가 돈을 많이 벌면 좋지만, 나중에 죽으면 그 돈이 필요할까?"

매니저 형의 이야기를 듣고 생각이 많아졌다. 그렇게 술자리가 끝나고 집에서 많은 생각을 했다. 하루를 치열하게 살면서, 미래에 대해서 생각하고 버티는 일은 쉬운 일이 아니다. 현실에 치여 살다 보니 그런 생각할 틈도 없으니 말이다. 나는 어렸을 때부터 성공해야 하고, 돈이 많아야만 진정한 인생이라고 생각했다. 하지만 꼭 성공해야 잘 산다는 것은 내 고정관념이었던 것 같다. 사실, 모든 사람이 꼭 성공에 대해 목표를 잡을 필요는 없다. 성공하지 않아도 지금 일상에서 소소하게 행복하고 충분히 만족스러운 삶이라고 생각하면 그것도 가치 있는 삶이다. 사람마다 자기 관점이 있고 취향이 있는 것이니까.

미국의 경제학자 스콧 니어링의 명언이 있다.

"생각하는 대로 살지 않으면, 사는 대로 생각하게 된다."

자신이 성공하고 싶고, 그에 걸맞게 노력하면 반드시 성공한 삶을 살 것이다. 반면, 내가 무엇이 되고 싶다는 것에 관심이 없고, 그냥 흘러가는 대로 살겠다면, 정말 그렇게 살게 될 것이다. 나는 개인적으로 돈이 많고 좋은 차를 타고 싶고, 시그니엘 같은 고급스러운 집에서 살고 싶다. 어렸을 때부터 너무 힘들게 살기도 했고, 돈이 없어서 하고 싶은 것도 하지 못했던 것에 아쉬움이 많다. 정말 멋진 인생을 살고 싶다. 다시 한번 말하겠다. 당신이 지금 삶에 행복하고 만족한다면 상관이 없다. 하지만 성공하고 싶은 사람이라면 지금 자신이 되고 싶은 미래에 대해 글로 적고, 어떻게 해야 할지 생각하고 시도하자. 막연한 상상이 아니라, 간절하게 열망해야 한다.

07

내 인생, 지금부터 시작이라고 생각하라

"아, 내가 과거에 공부만 좀 잘했으면 지금 이렇게 살지는 않을 텐데."

주변에서 가끔 듣는 이야기다. 대부분 사람은 자신만의 잠재 능력이 있고 자신만의 색깔이 있는데 그걸 제대로 드러내지 못한다. 정말 안타까운 일이다. 왜 자신을 믿지 못하고 시작하기 전부터 '안돼.'라고 단정을 짓는 걸까? 가끔 이런 사람들을 볼 때마다 화가 나기도 한다. 과거에 인생을 나쁘게 살아서? 아무 생각 없이 놀기만 해서? 절대 아니라고 본다. 과거는 과거일 뿐이다. 현재가 중요하다.

나는 종종 사람들에게 인생을 어떻게 살고 싶은지 물어본다. 이 질문에 대한 답을 들으면 그 사람이 어떤 사람인지 알 수 있다. 회사 다니는 사람 중에 사회 경험을 일찍 시작한 직장인 형이 있다. 나는 그 형이 앞으로 어떤 인생을 살아갈 생각을 하고 있는지 궁금해서 한 번 물어봤다.

"형은 앞으로의 인생을 어떻게 살고 싶은지 계획이 있어요?"

"아니, 딱히 없어. 지금 나이도 있어서 그냥 공장에 쭉 다니면서 일해야지."

"형, 왜 그렇게 말하세요. 지금이라도 늦지 않았어요. 조금이라도 생각을 바꾸면 지금보다 더 나은 인생을 살 수 있는데 포기하면 아깝잖아요."

"호걸아, 네가 아직 젊고 어려서 그런지 모르겠지만, 네가 나중에 나이 들면 지금 같은 생각이 들까?"

이렇게 말한다. 왜 과거에 집착하는지 이해를 하지 못하겠다. 과거에 인생을 어떻게 살았건 시간은 이미 지나갔다. 주변만 봐도 알 것이다. 세상 사람들은 과거에 너무 집착하는 경향이 있는 거 같다. "어렸을 때, 준비를 잘할 걸.", "과거로 돌아갈 수 있다면 당장이라도 가고 싶다."라고 말한다. 물론 나도 이랬던 사람 중 한 명이었다.

본격적인 이야기를 하기 전에 나의 이야기를 하려고 한다.

나는 인생을 어떻게 살지 관심이 단 1%도 없었다. 그냥 사는 대로 사는 것이었다. 공부하라고 하면 공부도 하지 않았다. 한 교실에 36명의 학생이 있었는데 거기서 35등을 했을 정도니 말이다. 성인이 되어서도 모델을 하겠다고 서울에 갔어도 노는 데 빠져 있었다. 종종 모델과 동기들이랑 술을 마시고, 클럽 가서 여자랑 놀기도 했다. 이 당시 동기들은 담배를 피우는 친구들이었다. 나도 모르게 이 분위기에 적응되면서 자연스럽게 담배를 피우게 되었다. 클럽에서 한 번 놀 때마다 담배 한 갑을 기본으로 폈던 거 같다. 지금 생각하면 너무 품격 없는 행동이다.

나는 축구를 너무 좋아해서 프리미어리그, 프리메라리가 등 유럽축구 경기가 하는 날이면 잠을 자지 않고 본 적도 많다. 축구 경기가 끝나면 축구 뉴스를 검색하면서 분석하고 축구선수 이적 뉴스가 나오는 날이면 메모도 했다. 그뿐만이 아니다. 축구 게임 중에 '넥슨 피파온라인4'라는 게임이 있다. 일이 없는 날이면, 피시방에 가서 컴퓨터를 켜고 미친 듯이 축구 게임을 했다. 골을 넣을 때마다 의자에서 일어나 소리를 쳤다. "골, 골, 골."

그것도 모자라서 PC 축구 게임이 끝나면 핸드폰 모바일 게임 '피파온라인4'를 다운로드하고 미친 듯이 놀았다. 하루 평균적으로 5~6시간 정도 놀았던 것 같다.

게임을 하다 지루하면 유튜브에서 아이돌 노래, 아프리카 비제이 방송을 보며 지루함을 달래곤 했다. 이 삶이 나의 유일한 재미였고, 이 같은 패턴이 이어지더라도 큰 문제는 없었다. 그런데 시간이 지나고 나서 코로나19가 터졌을 때, 정신이 번쩍 들었다. '이제부터 이렇게 계속 놀기만 하다가는 인생이 더 힘들겠다.'라며 말이다. 이때부터 정말 정신 차려야겠다고 생각했다. 그리고 취업하기 힘든 시기에 회사에 입사하게 되었고 일을 하면서 2020년 11월이 되었을 때, 제대로 된 인생을 살겠다고 다짐했다. 마음 잡고 다짐했을 때 나의 포부를 몇 가지 적어놓았었다.

1. 최소한의 종잣돈으로 돈이 일하는 시스템을 만들면 복리의 마법이 극대화될 것이다.

2. 성공을 향해 가는 길은 정말 치열하고, 좌절과 실패도 있겠지만 포기하지 말자. 내 몸이 죽지 않는 한, 이가 부러져도 피가 나더라도 다시 일어날 것이다.

3. 대가 없이 성공을 이룰 수는 없다. 모든 인생을 사는 데는 대가가 있기 마련이다. 절대 공짜를 좋아하지 말고 바라지 말자.

4. 어떤 시련이 와도 절대 남을 탓하거나, 핑계 대지 말자. 이런 행동은 정말 품격 없는 행동이다.

5. 남들보다 조금이라도 더 생각하자. 생각의 한 끗 차이가 인생의 판도를 뒤바꿀 수 있다.

6. 남들이 뭐라고 해도 나 자신을 믿고 나의 확신이 있다면 그대로 밀

고 나가자.

이때부터 10년, 20년이 지났을 때 무조건 성공한 인생을 살겠다고 다짐했다. 과거에는 내가 제대로 살지 않고 시간을 헛되게 보내서 지금까지 의미 없는 인생을 살았다. 지금이라도 미래에 시간을 낭비한 벌을 받지 않기 위해 마음 잡고 적은 글이다. 나태해지지 않기 위한 것이기도 하다.

매일 아침에 일어나면서 출근하기 전에 보고, 회사 끝나고 집에 와서도 항상 이 포부를 새긴다. 이 포부가 정말 힘이 된다. 누군가는 믿지 못할 수도 있지만 상관없다. 어차피 내가 맞다는 확신이 들면 정답이고 불도저처럼 밀고 나갈 것이다. 왜냐하면, 나는 이미 결말의 관점에서 성공했다고 생각하고 그 과정을 향해 모험하는 여행가이기 때문이다. 나는 이것을 다른 말로 '꿈험가'라고 말한다.

당신은 과거에 어떻게 살아왔는가? 매일 시간만 나면 술 마시거나, 노래방에 가고, 피시방에서 밤새 게임을 하면서 보냈는가? 그게 무엇이든 간에 과거의 이야기다. 그 일은 이미 지나간 일이다. 현재에 충실하고 집중해서 살아야 한다. 당신이 성공하고 싶고 멋진 인생을 살고 싶으면 부정적인 마음을 가지지 말고, 자신을 의심하지 말아야 한다.

영국에서 가장 위대하고 가장 영향력 있는 극작가, 윌리엄 셰익스피어는 이렇게 말했다.

"왕관을 쓰려는 자, 그 무게를 견뎌라."

대부분 사람이라면 이 말을 많이 들어봤을 것이다. 성공하는 인생을 만들어가는 과정은 정말 쉽지 않다. 다른 말로 비유하면 불구덩이 같은 길을 걷는 것이나 다름없다. 그래서 대부분의 사람이 성공하는 길을 쉽게 선택하지 못하고, 선택했다고 해도 중도에 포기하기도 한다.

가끔 이런 모습을 보면 안타까울 때가 많다. 사람마다 각자 자신이 잘하는 분야가 있고, 잠재 능력이 있는데 왜 그 능력을 끄집어내지 못하는지 말이다. 지금 이 책을 읽고 있는 당신에게 한마디만 하고 싶다. 애초에 안 된다는 생각은 하지 말자. 그 생각이 당신을 더 방황하게 만들고 시도조차 할 수 없게 만든다. 지금부터라도 긍정적인 생각만 하자.

'나는 할 수 있다.'
'나는 성공한 사람이다.'
'나는 이미 돈 많은 남자다.'
'누가 뭐래도 내가 최고다.'
매일 이렇게 자기 암시하고 실천한다면 어떤 시련이 와도 두렵지 않을 것이다.

  과거와는 다르게 지금의 현대사회를 산다는 건 정말 쉽지 않다. 저금리, 물가 상승에도 불구하고 월급은 크게 오르지 않으니까 말이다. 앞으로도 살아가는 것이 힘들 수 있다. 미래에는 어떤 일이 일어날지 모르고 우리가 상상하지 못한 시련이 올 수도 있다. 그 전에 지금이라도 늦지 않았으니 자신이 하는 분야에 있어 최선을 다하고 열심히 살자. 나 역시도 마찬가지다. 내 인생은 지금부터 시작이니까. 나는 희망을 주는 부자가 되고 싶다. 이 길이 쉽지 않을 수도 있지만 어떤 시련이 와도 극복할 것이다. 그게 나의 운명이고 내가 죽기 전까지 이행해야 하는 사명이다. 성공하는 데 있어 시련은 축복받은 선물이다. 그만큼 실패할 각오가 되어 있고 실패가 있어야 배움도 있는 것이다.

책을

읽고 난 후

좋은 일들만

일어나기

시작했다

2장

세상에

쓸모없는

책은 없다

01

세상에 쓸모없는 책은 없다

나는 책을 만난 후로 항상 독서를 게을리하지 않는다. 책을 읽는 게 너무 즐겁다. 우울한 일이 있거나, 슬픈 일이 있거나, 화가 나는 일이 있을 때 책을 읽으면 내 마음은 다시 회복된다. 어떤 날에는 공부하다가 잘 안 되어 포기하고 싶은 순간이 있다. 그럴 때마다 책을 읽으면서 좋은 영감을 받게 되고 다시 의욕이 생기면서 공부하게 된다. 책이라는 게 참 신기하다. 사람의 마음을 치유하면서 힘을 주는 마법이랄까.

내가 책을 읽기 전만 해도 이런 감정을 느낀 적이 없다. 그 당시에는 책에 관심도 없었을뿐더러 누군가가 나에게 책을 읽으라고 권유하면 쳐다보지도 않았다. 책상에 앉아 있지도 못했고 책은 그냥 지식을 쌓는 도구로만 생각했다. 가끔 길거리를 가다가 서점에서 책 읽는 사람들을 보면 이런 생각도 들었다.

'책이 우리에게 어떤 도움을 줄까?'
'저 사람들은 책을 읽을 때 어떤 생각을 하며 읽을까?'
'책을 읽으면 내가 얻을 수 있는 게 뭐가 있을까?'
'책이 뭐길래 이 세상에 존재할까?'

그 당시에는 책을 읽는 사람들이 왜 책을 읽는지 몰랐지만, 지금은 알 것 같다. 이유는 다양한데 몇 가지로 예를 들면 대략 이렇다.

첫 번째, 책은 우리의 삶을 업그레이드해준다.
두 번째, 책은 우리의 지식을 업그레이드해준다.
세 번째, 책은 우리가 몰랐던 세상의 이치를 알려준다.

그 외에도 여러 가지 이유가 많지만, 대표적으로는 위와 같은 이유로 책은 우리에게 꼭 필요하다. 그런데도 사람들은 책의 중요성을 절실하게 느끼지 못한다.

도대체 왜 책의 중요성을 느끼지 못할까? 너무 안타까운 일이다. 나는 주변 사람에게 책에 대해 언급하면 10명 중에서 8명 정도는 부정적인 시선으로 본다. 그리고 대부분 이렇게 말한다.

"야, 책을 읽어서 진짜 네 인생이 바뀌겠냐?"
"책으로 삶이 변하고 인생이 바뀐다는 거 다 사기야."

정말 이해할 수 없다. 아니, 책을 읽어본 적도 없으면서, 혹은 책을 읽었다고 해도 그 내용대로 실천해보기는 하고 하는 말인가. 내 친구 중에도 이런 유형의 녀석이 있다. 어느 날 카페에 가려고 준비하고 있을 때 그 친구에게 전화가 왔다.

"호걸아, 오늘 뭐해?"
"나 오늘 카페에서 책 읽으러 갈 거야."
"뭐? 넌 어제도 책 읽은 것 같은데 오늘도 책 읽으러 가냐? 야, 그러지 말고 오늘은 나랑 만나서 대화나 하자."
"왜? 너 무슨 일 있냐?"
"아니, 그냥 너 얼굴 보면서 대화도 하고 싶으니까."

이 친구의 말을 들은 순간 만날지 말지 고민하다 오늘 만나지 않으면 한동안 얼굴 보기 힘들 것 같아서 만나기로 했다. 그렇게 우리는 카페에 가서 커피를 한 잔씩 시키고 대화했다. 그러다 친구가 내 가방에 있는 책들을 보고 나에게 물어봤다.

"야, 근데 너는 원래 책도 읽지 않았던 놈이 어떻게 책을 읽게 됐냐?"

"인생을 어떻게 살아야 할지 고민하다 한 책을 보고 느낀 점이 많아서 더 많은 해답을 찾고 싶어서 책을 읽게 되었지."

"그래? 신기하네. 네가 책을 다 읽고 말이야. 요즘 무슨 책을 읽어?"

"종류는 다양한데 자기계발서를 많이 읽어."

"오! 정말? 대단하네. 그런데 그렇게 많은 책을 읽어서 너한테 도움이 돼?

"응, 당연하지."

"그래? 내 주변 사람도 자기계발서를 읽기는 하는데 큰 변화는 없더라. 나도 책을 읽었는데 인생이 바뀐 적도 없고 그냥 제자리야. 나는 책을 믿지 못하겠다. 책이 도대체 왜 필요한지도 모르겠고."

나는 이 친구의 말을 들으며 마음이 아팠다. 책의 가치를 알고 책의 내용을 믿고 실천하면 정말 삶이 바뀔 수 있는데 말이다. 나 역시도 책을 읽기 전에 부정적으로 생각했던 적이 있다. '책이 왜 존재할까. 책을 읽는다고 삶이 달라지는 것도 아닌데 책을 읽어야 할까.'

그런데 지금 생각해보면 책을 만난 게 정말 행운이라고 말하고 싶다. 내가 처음 책을 읽을 때 한 페이지를 펼치는데 뭔가 울컥했다. 지금 내 삶이 힘들고 누구도 위로해주지 않았는데 책은 나의 마음을 어떻게 알았는지 전부 공감해줬다. 책을 읽으면서 나의 과거를 돌아볼 때면 눈물이 났다. 내가 뭐가 잘못돼서 이렇게 살고 있고 앞으로 살아가기 위해서는 어떻게 고쳐야 하는지 전부 알려줬다. 처음에는 책의 내용을 읽으면 잘 이해하지 못했는데 여러 책을 읽으면서 내 생각과 고정관념이 완전히 바뀌었다. 책을 읽으면서 힘들었던 나의 마음도 치유가 되었다.

가끔 슬픈 일이 있어도 내 옆에 아무도 없을 때 책은 언제나 나에게 따뜻한 위로의 메시지를 건네주었다. 인생을 살면서 포기하고 싶고 죽고 싶은 순간이 있을 때도 책은 나에게 다시 살아갈 용기를 주었다. 누군가 "너는 안돼.", "너는 절대 성공할 수 없어."라고 말해도 책은 나에게 성공할 수 있다고 긍정적인 말을 해주었다.

그 이후로 책을 너무 좋아하게 되었고 책을 사랑하게 되었다. 누구보다 책 중독에 빠졌다. 책이랑 사랑하고 싶을 정도로 말이다. 우리 집에 있는 책꽂이에 꽂혀 있는 책을 보면 기분이 좋다. 책을 고르면서 읽는 재미도 있다. 종종 서점에 가면 시중에 많은 책이 널려 있다는 사실을 알게 된다. 시, 에세이, 부동산, 철학, 심리학, 주식, 인문학 등 여러 장르의 책을 보면 전부 사고 싶다. 한 줌의 흙이 모여 태산을 이루듯 읽는 책이 많을수록 그 책이 모여 가치 있는 인생이 될 수 있기 때문이다.

우리는 앞으로 살아가야 할 인생이 많이 남았다. 어떤 날은 좋은 순간이 올 수 있고, 어떤 날은 힘든 순간이 올 때도 있다. 인생이라는 그래프가 항상 순탄하게 갈 수 없으니 말이다. 그럴 때마다 책을 읽었으면 좋겠다. 어떤 장르의 책이든 지금 당신에게 맞는 책이 있으면 무조건 읽어라. 세상에 쓸모없는 책은 없다. 책은 언제나 당신 편이고 책 한 권이 쌓이면 쌓일수록 당신의 인생을 더 가치 있게 만들어줄 것이다. 이 책도 마찬가지로 당신에게 가치 있는 책이라는 생각이 들었으면 좋겠다.

02

책 사는 데 돈을 아끼지 마라

보통 사람들이 돈을 벌면 어떤 식으로 소비를 하는가? 보통 욜로(YOLO)의 삶을 살아가는 데 소비한다고 생각한다. 욜로(YOLO)라는 말을 설명하자면 현재 자신의 행복을 가장 중시하고 그 행복을 얻기 위해 소비하는 자세를 중요시 생각하는 삶의 태도라 할 수 있다. 쉽게 말하면 미래에 투자하는 것이 아닌, 지금 당장 삶의 질을 높여줄 수 있는 취미생활에다 투자하는 것이다.

요즘 SNS를 보면 멋진 풍경에서 찍은 사진, 스포츠카, 고급음식, 명품 등을 과시하는 사진들로 도배되어 있다. 겉으로는 화려해 보일 수 있지만, 속을 까보면 아닌 사람이 많다. 집이 정말 금수저이거나 돈이 많은 사람이고, 고급명품을 사는 데 지장이 없는 사람이라면 상관이 없다. 하지만 당신이 직장인이고 월 200만 원대의 월급을 받는 사람이라고 한다면 말리고 싶다. 요즘 세상에 200만 원대의 돈으로 이런 화려한 삶에 다 쓰면 남는 것이 있을까?

　나도 어렸을 때, 매일 화려한 삶을 사는 사람들을 볼 때마다 부러웠다. 우리 집은 부유하지 못했고, 아버지 월급은 한정적이라서 우리 가족이 생활비를 쓰고 나면 남는 돈도 없었다. 우리 가족은 장을 보거나 외식을 할 때마다, 가격에 엄청 민감했다. 0이 하나라도 더 붙으면 불안했을 정도다. 한 번은 길을 가다 좋은 자동차를 보고 눈이 반짝일 정도로 계속 쳐다봤다. 그 차를 볼 때마다, 우리 아버지가 타는 자동차와 비교가 되었다.

　이때, 아버지가 타고 다니던 차는 중고차에서도 가격이 제일 저렴한 베르나였다. 바로 엄마한테 우리도 좋은 차로 바꾸자고 미친 듯이 투정 부렸다. 돌아온 대답은 엄마는 지금 돈도 없고 좋은 자동차를 사면 빠져나가는 돈이 너무 많다는 단호한 거절이었다. 이런 말을 들을 때마다 나는 하루라도 빨리 어른이 되고 싶었다. 나는 다짐했다. 빨리 성인이 되어서 화려한 삶을 살겠다고 말이다.

성인이 된 직후, 그 기념으로 멋을 내고 싶었다. 그래서 시내에 있는 큰 옷가게에 가서 옷을 한 번에 20만 원어치 정도 구매했던 적이 있다. 먼저 옷 스타일을 바꾸고, 돈이 생길 때마다 시계, 신발, 귀걸이, 팔찌, 반지 등에 투자했다. 점점 더 나아가 인플루언서들이 가는 강남 카페, 고급 레스토랑, 강남 클럽 등 여러 곳을 다니기 시작했다. 이 당시부터 욜로(YOLO)의 삶에 취해 돈을 쓰기 바빴다. 매일 아르바이트를 해서 번 돈은 고스란히 인플루언서들이 가는 곳으로 빠져나갔다. 온갖 허세는 다 부리고, 돈이 없어도 있는 척하면서 미친 듯이 돈을 썼다. 23세까지 모은 돈이 거의 없었다. 이때쯤이면 내 또래 친구들은 어느 정도는 돈을 모았다는 이야기를 들었고, 그럴 때마다 나 자신을 뒤돌아봤다. 내가 여태까지 무엇을 한 걸까? 이때부터 정신 차리고 노는 것을 끊고 일을 했다.

그런데 매일 일을 하고 돈을 버는 데 집중하다 보니 한 번은 너무 피곤했다. 집에만 박혀 있으니 답답해서 한 친구에게 같이 드라이브를 하자고 제안했다. 그러자 친구가 흔쾌히 수락했고, 만나서 드라이브를 하며 서로 있었던 일들에 대해서 수다를 떨었다. 그러다 친구가 손목에 찬 시계가 너무 좋아 보여서 슬쩍 물어봤다.

"야 너 시계 좋아 보인다. 이 시계 얼마 주고 샀어?"
"이거 한 150만 원 정도 하지."

"야. 너 도대체 무슨 일을 하는데 150만 원 정도 하는 시계를 사는 거야?"

"그냥 회사에서 일하지."

"그럼 월급은 얼마 정도야?"

"평균적으로 200만 원 후반인데 잘 벌면 300만 원도 벌어."

"아. 그렇구나. 너 지금 운전하는 자동차는 돈이 있어서 산 거야?"

"아니, 다 할부로 결제했지. 내가 돈이 어디 있다고 사냐. 요즘은 차가 없으면 모든 생활이 불편해."

이렇게 이야기를 했다. 보통 남자들은 차를 좋아하는 것 같다. 좋은 차가 나오면 하루라도 빨리 사고 싶어서 안달이 난다. 자신이 얼마를 가지고 있든 크게 신경 쓰지 않는다. 개인적으로 나도 차를 소유하고 있어서 공감이 간다. 중요한 일이 있거나 가고 싶은 곳이 있을 때, 차가 없으면 불편한 것은 맞다.

그런데 말이다. 개인적으로 무리하게 대출하면서까지 좋은 차를 몇 년 할부로 하면서 사는 것은 아니라고 본다. 만약 당신이 자동차를 할부로 샀을 경우 구매원금이랑 이자도 같이 나가고, 유지비, 세금 등 정말 빠져나가는 돈이 많다. 다른 말로, '돈 먹는 하마'라고 표현한다. 지금 젊을 때, 좋은 차 타고 명품 차면서 멋도 부리고 즐기고 싶은 거 이해한다. 그런데 계속 이렇게 멋만 부리면 남는 것이 있을까? 돈은 돈대로 나가고 자신에게 남는 것은 없다고 본다. 그냥 포장만 잘 되어 있고, 안에는 아무 것도 없는 셈이다. 자동차가 당신의 가치를 높여주는가? 천만에, 절대 아니다. 자동차는 당신의 삶을 조금 더 편하게 해주는 것이지, 가치를 높여주는 물건은 아니다. 차라리 그 돈을 책에다 투자해라.

지금이라도 늦지 않았다. 누구라도 더 나은 삶을 살고 싶다면 시간과 돈 일부를 나 자신에게 투자해야 한다. 성공한 사람들은 대부분 자기계발을 위해 책을 사는 데 투자한다. 나는 예전에 처음에 책을 사는 것이 아까워서 인터넷으로 책을 봤다. 그런데 인터넷으로 책을 보면 메모할 수 없고, 중요한 내용을 반복적으로 보는 것이 어려워 책을 구매해서 보기로 했다. 나는 시간이 나면 항상 서점에 가서 책을 사서 읽는 일에 돈을 아끼지 않는다. 독서가 유일한 취미이고, 책을 읽으면 마음도 편하고 나의 성장을 도와주는 친구 같은 존재니까. 책꽂이에 책이 한 권씩 늘어날 때마다 기분이 좋고 뿌듯하다. 읽고 싶을 때, 마음대로 꺼내서 볼 수 있다. 나 같은 경우는 보통 새 책을 구매하지만, 돈이 없으면 '알라딘' 같은 중고서점 사이트에서 구매하기도 한다. 불필요한 곳에 들어가는 돈에 비하면 책에 들어가는 돈은 아깝지 않다. 읽은 책이 많을수록 나의 지식도 풍부해진다. 여러 권의 책이 집에 쌓여 있으면 쓸데없는 일을 멀리하게 된다. 우리 집에 있는 책 중에 어떤 책은 잘 읽히는 책이 있고, 어떤 책은 읽히지 않는 책이 있다. 쉽게 읽히는 책이면 편하게 읽고, 읽히지 않은 책은 그냥 보지 않는 편이다.

가끔 친한 동생 중 한 명이 나에게 인생에 대해서 조언을 구할 때가 있다. 그럴 때 그 동생에게 책을 사서 읽으라고 하면 돌아오는 말은 "지금 돈이 없어서 사기 힘들어요."이다. 정말 이런 말을 들으면 어이가 없다.

밥 먹고 술 마시면서 놀러 갈 돈은 있고 책을 살 돈이 없다는 게 말이 되는가? 이런 말도 안 되는 핑계를 대지 말았으면 좋겠다. 왜 책의 진정한 가치를 모를까? 책은 인생에서 많은 것을 알려주는 조력자이며 가장 소중한 친구 같은 멘토다. 내가 살아오면서 힘들었을 때, 유일하게 해답을 준 것은 책이었다. 앞에서 말했지만, 책 한 권의 가격이 비싸 봐야 2만 원 가까이다. 그런데 술 먹고, 놀러 가는 데 돈을 쓰면 보통 10만 원 가까이 되거나 많으면 10만 원이 넘는다. 이 말에 반박할 수 있을까?

머리는 장식품으로 달린 것이 아니다. 배우고 쓰라고 있는 것이다. 왜 머리는 안 쓰고 외적으로 치장하는 것에만 쓰려 하는가. 물론 꾸미고 잘 보이려고 하는 것은 나쁜 것이 아니지만 너무 과하면 좋지 않다. 돈이 정말 많은 사람이라면 이야기는 다르겠지만 말이다.

한 사람이 한 달에 읽을 수 있는 책의 양이 얼마나 되겠는가? 책에 돈을 쓴다고 해도 크게 들지 않을 것이다. 책을 단 한 권이라도 구매했으면 좋겠다. 그러면 나중에 책이 왜 필요한지 알 수 있을 것이다.

책을 읽을 수 있는 환경을 만들려면 집에 책이 많아야 한다. 그러면 점점 책에 관심을 가지고 책을 읽게 될 것이다. 책을 사서 꾸준히 읽게 되면 나중에 다른 분야에도 관심을 두게 된다. 항상 책이 내 옆에 자석처럼 붙어 있어야 한다. 어떤 책이든 간에 먼저 사서 읽는 습관을 들였으면 좋겠다.

03

책 읽는 데 시간을 투자하라

대부분 사람은 인생을 살면서 필요한 지식이나 지혜를 제대로 공부하지 않는다. 어렸을 때부터 열심히 공부해서 좋은 대학교에 간다고 해도 취업만을 목적으로 가르친다. 나 역시도 성인이 되고 나서 사회생활을 하면서도 배움에 대해 크게 느끼지도 못했다. 그냥 돈 벌고 되는대로 사는 것이었다. 시간이 흐르면서 지금 다니는 직장에서 일하는 것이 힘들었다. 나는 어떻게 하면 편하게 일을 할 수 있을지 찾았다. 안정적인 직장은 공무원이라고 생각했다. 바로 공무원 시험에 응시하기 위해 준비하기로 했다. 1년에 60만 원 정도 되는 강의를 끊고 시작했다. 처음에는 열정이 불타올라서 열심히 필기도 하고 적고 외우기를 매일 반복했다. 2주 정도 시간이 지났을 때 공부도 너무 어렵고 금방 지쳐 바로 포기했다. 60만 원 정도의 수강료는 바람처럼 사라진 셈이다. 그뿐만 아니라 요리 공부와 선생님 공부도 준비했다. 그 공부도 한 달도 되지 않아 바로 포기했다. 지금 생각하면 나는 인생을 살면서 책을 읽기 전까지 나만의 기준이나 제대로 된 철학이 없었다. 삶을 살기 위해 제대로 된 준비조차 없었다. 지금 상황이 너무 답답하고 힘들어서 책을 찾아 읽기 시작했다.

책을 읽으면서 내가 고쳐야 할 점이 너무 많이 보였다. 내가 매사에 부정적인 마인드를 가진 것도 그중의 하나였다. 매사에 부정적인 생각을 하다 보니 될 수 있는 일도 되지 않은 것이었다. 나는 평소에는 사는 대로 살다가 한번 큰 위기를 겪게 되고 정신을 차리게 되었다. 인생은 정말 알다가도 알 수 없는 것이었다. 나는 내가 어떤 삶을 원하는지 관심도 없었다. 평소에 겉으로는 괜찮은 척해도 속마음은 불행하고 불안했다. 가끔 '자살'이라는 단어도 떠올랐다. 정말 미칠 정도로 힘들었다. 가끔 이런 생각이 들기도 했다. '나는 왜 태어났을까?'

나는 정말 힘든 시기에 책을 만났다. 책은 인생을 살아가는 동안 아름답지 않은 삶에 대해 큰 깨달음을 주고 더 나은 삶으로 나아가게 해준다. 책을 읽으면 세상이 더 밝아지고 삶의 지혜로움에 하루가 행복하다.

책에는 사람을 바꿀 수 있는 엄청난 힘이 들어있다. 살다 보면 힘들거나 슬프거나 우울할 때, 그 원인을 찾아준다. 그리고 시간이 지날수록 나 혼자 스스로 해결하는 능력도 생긴다. 책을 읽으며 얻은 지혜와 그 기쁨은 말로 표현할 수 없다. 나는 책을 너무 사랑한다. 아니, 사랑으로도 부족하다. 그 이상이다. 나는 하루의 대부분을 독서를 하며 시간을 보낸다. 일하다가 쉬는 시간에 커피를 마시면서 독서를 한다. 어떤 날은 책 내용이 너무 재미있으면 밥을 먹으면서 책을 보기도 한다. 그 정도로 독서 하는 것이 너무 좋다. 내가 책을 읽으면 주변에서 이런 이야기를 할 때도 있다.

"책을 읽으면 도움이 많이 되나요?"
"그냥 지식만 쌓는 데 좋은 거 아닌가?"

정말 안타까운 일이다. 왜 시작도 하기 전에 의심하는가? 이런 사람은 책의 진정한 의미를 모른다. 처음부터 부정적으로 생각하는데 책이 제대로 읽히겠는가? 책을 읽는 것뿐만 아니라, 삶도 바뀌지 않는다. 나도 처음부터 책을 읽는 사람은 아니었다. 책을 본격적으로 읽어야겠다고 마음을 먹고 3개월 동안 정말 미친 듯이 읽었다. 그러자 3개월 만에 삶이 바뀌기 시작했다. 성공한 다른 많은 사람들도 원래는 평범한 사람이었다. 그들도 나처럼 한 권의 책을 만나면서 삶의 변화가 생겼다. 『월급쟁이 부자로 은퇴하라』의 저자 너나위는 주변에서 흔히 볼 수 있는 30대 후반의 직장인이자 세 식구의 가장이었다. 매일 밤이 될 때까지 일하고, 그것도 모자라 주말에도 자리를 지키며 승승장구하던 대기업 직원이었다. 그런데 자신이 존경하는 선배가 회사의 권유로 퇴직하게 되며 그는 회사가 우리의 인생을 책임지지 않는다는 사실을 알게 되었다. 불안한 미래와 자신의 노후를 위해 무엇을 해야 하는지 고민하다 우연히 투자서 한 권을 읽고 문제의 원인과 해결책을 찾았다. 그렇게 그는 9개월간 자본주의와 경제 관련 서적을 100권 정도 읽고 미친 듯이 공부했다. 그리고 부동산 실전 투자를 위해 매일 꾸준하게 답사하고 철저하게 준비해서 지금은 70억 자산가로 거듭났다.

그는 원래부터 투자에 능통했던 사람은 아니다. 책을 통해서 얻은 지혜와 깨달음을 통해 경제적 자유를 달성한 것이다. 책은 직장, 인생, 자기관리, 사업, 일상 등 삶의 모든 부분을 넓혀준다. 책을 읽기 전의 나는 너무 답답하고 마음이 복잡했다. 성인이 되어 열심히 살아도 답이 나오지 않고 나 자신은 그대로였으니까. 나는 독서를 통해 세상을 살아가는 데 필요한 해답을 찾을 수 있었다. 나는 어릴 때, 무엇이든 성실하게 열심히 하고 돈을 저축하면 풍족하게 살 수 있다고 생각했다. 성인이 되어 살다 보니 현실은 그렇지 않았다. 일이 잘 풀리지 않을 때마다 부모님을 원망했다. '우리 집은 왜 부자가 아닐까?'라고 한탄했다.

주위의 친구들이 부모님의 도움도 많이 받고 잘사는 것을 보면 정말 부러웠다. 가끔 이런 생각도 들었다. '나도 친구네 부모님 집에서 하루만이라도 같이 살고 싶다.'라고 말이다.

내가 책을 읽으면서 깨달은 것이 있다. 대부분 성공한 사람들은 다른 사람과 자신을 비교하지 않는다는 것이다. 쉽게 말하면 자신을 믿고 확신을 가지라는 의미이다.

그들은 실패를 두려워하지 않고 다시 일어나 전진한다. 두려워하고 시도하지 않으면 아무 일도 일어나지 않는다. 헛된 희망만 바라지 말고 움직이자. 내가 살아오면서 제일 힘들었던 것은 시작도 하기 전에 "성공은 아무나 하는 것이 아니다."라는 말을 들은 것이었다.

부모님과 주변에서 이런 말을 너무 많이 들었다. 그러다 보니 어느 순간, 나 자신은 시작도 하기 전에 안 된다는 생각이 제일 먼저 들었다. 반대로 책을 쓴 성공자들은 다르게 이야기한다. 내가 성공자들의 책을 읽고 기록한 내용 중에 7가지만 적어보겠다.

첫 번째, 인생을 살아가는 데 있어 목표를 설정하라.

두 번째, 부자들의 사고방식으로 무장하라.

세 번째, 실패를 두려워하지 말고 꾸준하게 전진하자.

네 번째, 메모하고 기록하는 습관을 습관적으로 들이자.

다섯 번째, 간절하게 원하고 실천하면 이루어질 것이다.

여섯 번째, 결말의 관점에서 성공했다고 생각하고 행동하자.

일곱 번째, 성공하는 데 있어 자신에 대해 0.1%의 의심도 하지 말자.

지금 내가 적은 7가지 내용은 인생을 살아가면서 성공하는 데 있어 정말 중요하다. 지금 적은 내용을 당연하게 여기며 넘기지만 말고 스스로 이해하기 위해 노력하기를 바란다. 지금 적은 내용이 쉽게 들린다고 말하면 큰 오산이다. 솔직히 내가 이 뜻에 대해서 자세하게 풀어서 설명할 수 있다. 그런데 내가 이 의미를 자세하게 이야기하면 아마도 대부분 사람은 당연하게 생각하면서 그냥 한 귀로 듣고 한 귀로 흘려버릴 것이다. 당신이 이 내용에 대해 스스로 이해하고 깨닫는다면 다른 삶을 살게 될 것이다. 어떤 사람은 "이 의미를 도대체 어떻게 풀어."라고 말할 수 있다. 그럼 책을 읽어라. 책을 읽다 보면 내가 적은 내용의 의미를 알 수 있을 것이다. 내가 하는 말이 사기꾼 같고 조금이라도 의심이 든다면 하지 않아도 된다. 선택은 당신이 하는 것이니까.

독서는 자신의 인생에 있어 정말 중요하다. 인생을 살면서 나에 대해 모른다면 정말 큰 문제다. 나에 대해서 알 수 있게 해준 것도 독서였다. 독서를 통해 내가 어떤 삶을 원하는지 알게 되었다. 인생을 사는 데 있어 독서는 필수다. 독서를 해야 바뀐다. 내가 자신 있게 이야기를 할 수 있는 건 책을 통해 많은 삶이 바뀌었다는 것이다. 지금도 믿기지 않는다. 내가 만약 책을 읽지 않았더라면 지금 어떤 인생을 살고 있을지 상상이 가지 않는다. 이 책을 읽고 있는 당신에게 말하겠다. 제발 책을 읽는데 시간을 투자했으면 좋겠다.

04

삶을 바꿀 수 있는 도구는 책이다

화창한 여름에 날씨가 너무 더워서 집에 있기 답답했다. 동전통에 있는 돈을 꺼내서 밖에 나갔다. 큰 마트에 들어가서 아이스크림을 사고 집에 와서 에어컨을 틀고 누웠다. 너무 심심해서 핸드폰을 켰다. 뉴스, SNS, 유튜브를 보면서 경제가 어떻게 흘러가고 요즘에는 어떤 것이 유행하는지 분석한다. 분석이 다 끝나면 핸드폰을 끄고 오늘 하루를 어떻게 보낼지 고민한다. 그러다 갑자기 이런 생각이 들었다. '요즘 내가 공부하느라 정신이 없어서 연락하지 못한 친구에게 연락해봐야겠다.' 그렇게 핸드폰을 다시 켠 후 카카오톡에 들어가 친구의 목록을 보다가 한 친구가 눈에 띄었다. 그 친구는 2020년 2월에 만난 친구인데 나중에 만나기로 해놓고 지금까지 만나지 못한 친구이다. 어떻게 보면 서로서로 자기 할 일이 너무 많아 정신이 없었던 것 같다. 내가 먼저 안부 인사를 했다. 얼마 있다가 그 친구가 답장을 해줬다. 그렇게 20분 정도 대화를 하다가 그 친구가 나에게 말했다.

"요즘 방위산업체 복무를 하고 있는데 끝날 때까지 1년 남았다. 복무가 끝나면 어떻게 살아야 할지 막막하다."

"음. 앞으로의 계획은 있어?"

"아니. 요즘 회사 다니느라 피곤해서 시간이 나면 나중에 계획을 짜려고."

그렇다. 지금 대화에 공감하는 사람이라면 이해할 것이다. 대부분 사람은 삶을 살면서 앞으로의 계획에 대해서 고민한다. 그런데 그것보다 더 큰 문제가 있다. 바로 고민으로만 끝나고 삶을 바꾸지 않는 것이다. 말로는 걱정하고 고민만 하면 삶이 달라지는가? 천만에, 절대 달라지지 않는다. 그에 반해 지금 삶을 바꾸고 싶은데 어떻게 하는지 방법을 몰라서 바꾸지 못하는 사람도 있을 것이다. 어떻게 해야 삶을 바꿀 수 있다고 생각하는가? 정답은 바로 책이다. 책은 우리에게 삶을 어떤 식으로 나아가야 할지 방법을 제시한다. 나는 인생을 살면서 25년 동안 책을 한 권도 제대로 읽지 않았다. 매일 놀기만 하고 겉멋에만 빠져 있던 청년이었으니까. 지금 나의 과거를 돌아보면 다 부질없는 짓이다. 내가 제일 후회가 되는 것은 지금까지 인생을 살면서 스스로 발전하지 못한 것이다. 지금은 너무 다르다. 내가 힘들 때 책을 만나 삶이 완전히 달라졌다. 그때 책을 만나지 못했다면 지금까지 평탄하게 살기는 힘들었을 것 같다. 나는 책을 너무 사랑한다. 책이 없으면 잠도 오지 않는다. 책은 잠을 잘 때도 나와 함께하는 존재다. 밖에 나갈 때도 책을 항상 2권 이상 가지고 다닌다. 그만큼 책이 내 인생에 도움을 주는 존재라고 생각하기 때문이다.

내가 유일하게 존경하는 사람이 있다. 대한민국을 대표하는 현대 그룹을 창업한 고(故) 정주영 회장이다. 그는 가정형편이 너무 어려웠고 학력도 소학교 졸업이 전부였다. 어려운 환경에서 가출을 네 번이나 했고 닥치는 대로 일하고 돈을 벌면서 서울에 정착했다. 쌀가게에 점원으로 들어간 정주영 회장은 일이 끝나면 남들은 장기나 화투를 칠 때 책을 읽었다. 어느 날이었다. 정주영 회장은 1971년 박정희 대통령에게 조선소를 지으라는 명령을 받게 되었다. 정주영 회장은 처음에 힘들 것이라고 이야기했지만 박정희 대통령은 어떻게든 하라고 지시했다. 그렇게 그는 해변 사진 한 장과 조선소에서 빌린 유조선 설계도 하나를 들고 유럽에 갔다. 아무것도 없는 모래밭 사진과 거북선을 보여주며 이렇게 말했다. "한국은 영국이 배를 만들기 전 300년 앞서 세계 최초로 거북선을 만든 나라다." 그렇게 정주영은 오나시스의 처남 리바노스와 독대를 하여 수주했다. 정주영 회장은 "우리가 지금 조선소는 없지만 배를 계약해주면 그걸로 돈을 빌려 조선소를 지어주겠다."라는 말도 안 되는 일을 해냈다. 무에서 유를 창조한 것이다.

최종 학력이 소학교 졸업인 고(故) 정주영 회장이 이런 말도 안 되는 일을 해낼 수 있던 힘은 무엇이라고 생각하는가? 바로 책이다. 책을 읽고 얻은 지식으로 생각하고 실천해서 지금의 일을 해낼 수 있었다. 그 어려운 환경에서도 남들이 하지 못하는 일을 자신만의 확고한 신념으로 해냈다. 책은 한 사람의 삶을 바꾸는 데 엄청난 영향을 준다. 책을 읽는 사람은 알 것이다. 책이 전하는 메시지가 얼마나 대단한지 말이다. 반면 책을 모르는 사람들은 대부분 이렇게 말한다. "정말 대단하다. 그런데 책은 왜 읽어?", "요즘 시대에 독서가 필요할까?", "요즘 디지털 시대라서 인터넷에만 봐도 많은 정보가 나오는데."

이런 말을 들으면 답답하다. 인터넷에서 정보를 얻고 동기부여를 얻고 힘을 받는 것은 좋은 일이지만 어느 정도 한계가 있다. 인터넷 매체 정보가 정말 당신의 삶을 변화시켜 줄까? 분야마다 다르겠지만 내 생각은 그럴 수 없다고 본다. 성공한 사람은 보통 책을 읽고 삶이 달라졌다고 한다. 성공한 사람들도 처음에는 힘들었고 어떻게 해야 할지 몰라 방황했을 때 책을 만났다. 책이 주는 삶의 지혜를 얻고 자신의 확고한 신념을 가지고 끊임없이 달려왔다. 어떤 사람은 책이 그저 종이 쪼가리에 불과하다고 생각하는데 이는 큰 오산이다. 만약 그렇게 생각한다면 책을 읽지 않는 게 나을 거 같다.

사람들은 아무 생각 없이 마냥 열심히 일만 하고 살고 있다. 그 대가로 받은 돈은 그저 생계를 유지할 정도밖에 되지 않는다. 이 삶에 너무 익숙해져서 그런지 지금의 삶을 바꾸겠다는 생각을 하지도 않는다. 안정적인 삶에 젖어 현실에만 안주한다면 우리가 가지고 있는 재능은 묻혀져버리게 될 것이다.

나는 책을 읽고 예전과는 다른 삶을 살고 있다. 그래서 내 주변 사람도 잘 되었으면 좋겠다는 마음으로 책을 읽으라고 권유하지만 대부분 답은 이렇다. "나는 그냥 살아지는 대로 살아야지." "나는 지금에 만족하면서 사는 게 편해." 이런 삶은 절대 성장이 없다. 성장이 없는 삶은 흘러가는 대로 살겠다는 말이다. 아직 남은 인생이 얼마나 많은데 계속 같은 삶을 살겠다고 말하는 것일까?

굳이 당신이 계속 평범한 삶을 살고 싶다면 지금 읽고 있는 이 책을 덮어도 된다. 이런 유형의 사람들은 이 책을 읽을 가치가 없을뿐더러, 독서를 할 자격이 없다. 하지만 당신이 평범한 삶을 벗어나고 싶고, 행복하고 싶다면 성공의 길을 가야 한다. 한 번 사는 소중한 인생인데 회사에서 생계를 유지할 돈만 받으면서 죽기 전까지 일하면 얼마나 억울한가. 너무 이 편안한 삶에 안주하지 말자. 이 세상을 바라보는 시야를 넓게 가져야 한다. 내가 원하는 삶을 어떻게 이룰 수 있는지 지금 당장이라도 길을 찾아야 한다.

모든 사람은 지금보다 더 나은 삶을 살 수 있다. 더 나아질 수 있는데 그렇게 되지 못하고 그 이유에 대한 해결책을 찾지 못한다. 그 방법을 해결하기 위해서는 책을 읽어라. 성공의 길을 가기 위해서 제일 먼저 해야 할 일이 있다. 바로 다양한 분야에 관심을 쏟는 일이다. 그래야 자신이 어떤 분야가 맞는지 알 수 있다. 그렇지만 개인적으로 성공하고 싶다면 자기계발에 관련된 책을 읽는 것이 제일 기본이라고 생각한다. 기본이 되어 있지 않으면 아무리 성공해도 오래가지 못한다. 나중에 추락하는 건 한순간이다.

내 안의 잠재력을 찾고 꿈을 펼쳐 나가기 위해 노력해야 한다. 계속 끊임없이 질주해야 한다. 초등학교, 중학교, 고등학교, 대학교를 졸업한다고 끝이 아니라 계속 공부해야 한다. 인생은 끝도 없는 마라톤과 같다. 한 번 사는 인생인데, 대충 보내면 너무 아깝지 않은가? 나 또한 책을 만나지 않았더라면 그냥 흘러가는 대로 살았을 것이다. 책은 삶의 변화가 필요한 사람에게 꼭 필요한 도구다. 성공한 삶을 원하고 지금 현재의 삶을 바꾸고 싶다면 책을 읽어야 한다. 현재에 안주하면서 살 것인가. 아니면 태도를 바꿔서 책을 읽고 행복한 삶을 살 것인가. 선택은 당신이 하는 것이니 잘 생각해보길 바란다.

내 삶의 행복을 찾아준 것은 책이다

어느 직장인들과 다를 바 없이 매일 일이 끝나면 집에 와서 먹고 자고 다시 출근하는 일이 반복되는 일상이었다. 출근하면 내가 막내다 보니 직장 상사들이 나에게 일을 많이 시켰다. 업무가 적을 때는 여유롭지만 일이 많아지면 정말 피곤하다. 일이 끝나면 집에 와서 침대에 눕는다. 그리고 핸드폰을 켜고 유튜브에 들어가서 개그 유튜버의 채널을 보면서 스트레스를 달랜다. 하루 평균 1시간은 배꼽이 빠질 정도로 웃고 다 보면 핸드폰을 끄고 움직이지 않는 인형처럼 멍하니 생각만 한다. 지금 생각해도 몸이 근질거리는 것 같다. 그런 나에게 쉬는 날만이 희망의 빛줄기가 되어주었다. 이날이 오면 정말 하늘이 날아갈 정도로 좋았다.

쉬는 날에 일어나면 밥을 먹고 10시 정도에 피시방에 간다. 그렇게 도착하면 바로 아이스티 한 잔과 라면을 주문하고 컴퓨터를 켠 후에 '피파 온라인'이라는 축구게임을 했다. 이 당시 내 팀은 리버풀이었다. 이유는 리버풀에서 '반 다이크'라는 수비수가 있는데 내가 그 선수를 좋아했기 때문이다. 5분 있다가 주문한 음식이 왔다. 한 손으로는 키보드를 치고 다른 한 손은 라면을 먹고 아이스티를 마시면서 게임을 시작했다. 첫 게임 시작은 좋았다. 전반에는 밀리고 있었는데 후반에 역전에 성공해서 승리했기 때문이다. 그렇게 좋은 기세를 이어 계속 승리했다. 10경기 중에 7승 1무 2패 정도였다. 이때가 게임을 시작한 지 2시간 정도 되었을 때였다. 보통 2시간 정도 게임을 하면 집에 가곤 했는데 그날따라 게임에서 많이 이기고 있어 가기 싫었다. 그래서 다시 게임에 집중하기 시작했다. 1시간 정도 지났을 때까지는 괜찮았는데 점점 시간이 흐를수록 게임에서 연패를 당했다. 계속 연패를 당하니 기분이 좋지 않았고 오기가 생겨 다시 게임에 집중해보아도 계속 패배했다. 내 삶의 유일한 행복은 축구게임을 하면서 힐링을 하는 것인데 오히려 스트레스만 더 받았다. 그렇게 게임이 끝나고 밖에 돌아다니다가 너무 할 것도 없어서 집으로 돌아갔다. 바로 침대에서 몸을 뻗으며 아무 생각 없이 하루가 지나가는 줄도 모르고 핸드폰만 봤다.

그런데 시간이 지날수록 게임이랑 핸드폰만 보는 생활도 지겨워지고 공허하기 시작했다. 처음에는 정말 좋았는데 계속 새로운 취미생활도 없이 똑같은 일상이라 더 그런 것 같았다. 지금 생각하면 핸드폰과 게임은 잠깐의 달콤함이었던 것 같다. 그것이 진짜 삶의 행복은 아니라고 말하고 싶다. 대부분의 사람들은 앞서 내가 한 말에 공감할 것이다.

어떤 사람은 정말 심하면 우울증에 걸리기도 한다. 나도 매일 이렇게 의미 없는 반복된 생활이 이어지면 우울할 것 같아서 새로운 삶의 행복을 찾으려고 시도했다. 일단 A4용지를 가져와서 내가 무엇을 하면 삶이 행복할지 적기 시작했다. 드라이브, 여행, 노래, 춤, 술 등 이렇게 적어도 답은 나오지 않았다. 지금 적은 내용은 잠깐 힘든 삶의 스트레스를 풀어줄 뿐이지 지속해서 유지되는 진짜 행복은 아니었다. 나는 '어떻게 하면 진짜 내 삶의 행복을 찾을 수 있을까?'라고 계속 생각하고 고민했다.

그렇게 오랜 고민 끝에 내가 찾은 것이 책이었다. 책은 처음 보는 사람이라면 내용이 잘 읽히지 않고 어려울 수 있다. 계속 읽고 밑줄을 치며 내용의 뜻을 이해하다 보면 정말 재미있다. 저자가 하는 이야기가 지금 내 상황과 비슷하면 공감이 간다. 그뿐만 아니라 저자도 어려운 환경에서 힘든 과정을 통해 성공했다는 이야기가 나오면 살아갈 희망을 얻는다. 그래서 나는 독서를 하면 마음이 편안하고 여유로워진다. 그렇게 되는 가장 큰 이유는 책이 나에게 희망의 메시지를 전해주기 때문인 것 같다.

화창하고 무더운 여름날, 한 친구에게 전화가 왔다.

"호걸아, 오늘 날씨도 더운데 카페에서 만나서 같이 시원한 아메리카노 한잔 마실래?"
"좋지. 어디에서 만날까?"
"음, 여기 우리 집 근처에 정말 맛있는 커피가 있는데 거기서 마실래?"
"알겠어. 거기서 만나자."

나는 당장 차를 끌고 친구가 말한 카페로 갔다. 15분 정도가 지났을 때 카페에 도착했는데 친구가 없었다. 그래서 친구에게 바로 전화를 했는데 갑자기 다른 일이 생겨서 만날 수 없다는 것이었다. 할 수 없이 나 혼자서라도 카페에 들어가서 카페에서 커피를 마시면서 힐링하기로 했다. 그렇게 2시간 정도 있었는데 혼자 있으니 너무 심심하고 지루했다. 다 마신 커피 컵을 정리하고 밖에 나가서 기분 전환하려고 걸으면서 생각을 정리하고 있었다.

그러던 도중에 우연히 동네 서점을 발견했다. 바로 서점에 들어가서 책을 읽고 둘러보고 있다가 재미있는 책이 눈에 띄었다. 호리에 다카후미의 『가진 돈은 몽땅 써라』라는 책이다. 제목이 독특해서 끌렸다. 책의 저자가 어떤 사람인지 확인한 후 목차를 보고 책을 읽기 시작했다. 5~10분 정도 봤는데 내용이 너무 좋았다. 바로 구매하고 집에서 다시 읽기 시작했다. 목차를 다시 보다 보니 재미있는 소제목을 발견했다. '점심 메뉴는 고민 말고 장어덮밥'이었다. 나는 주저 없이 이 소제목이 있는 페이지를 찾아서 읽었고, 감명 깊은 문장을 발견했다.

"점심으로 전통 있는 장어덮밥 식당에서 식사하는 사람 대부분은 부자다. 대화의 수준도 자연스레 높을 수밖에 없다. 이런 사람들 사이에 있다 보면 생각지도 못한 만남의 기회가 늘어난다."

이 문장이 의미하는 바는 먹는 데 돈을 아끼지 말라는 말이다. 단순히 배를 채운다기보다 비싼 음식을 먹으면서 주변 사람들을 관찰하며 정보를 많이 얻어야 한다는 말이기도 하다.

예전에는 돈이 없어서 매일 가격이 저렴하고 양이 많은 음식만 고집했다. 친구에게 만 원짜리 음식을 사주기도 아까워서 쪼잔하게 굴었던 적도 있다. 가격이 5만 원, 10만 원대의 음식을 보면 '맛은 있겠지만 양이 너무 적다.'라고 생각하며 쳐다보지도 않았던 적이 있다.

요즘에는 과거와는 다르게 돈이 좀 생기고 여유가 있으면 매일 회덮밥, 흑돼지 돈가스, 소고기 등을 먹으러 간다. 돈이 더 생기면 가끔 서울에 있는 유명한 레스토랑에 간다. 밥을 주문하고 주변을 둘러보면 정말 놀란다. SNS 스타, 모델, CEO 등 엄청난 사람들이 이 가게에 온다. 그러면 나는 밥을 먹으면서 이 사람들의 대화를 귀 기울이고 듣는다. 정보, 사업, 트렌드, 미래 등 여러 가지의 대화를 듣고 좋은 정보가 있으면 핸드폰을 꺼내 메모한다. 맛있는 음식도 먹으면서 좋은 정보도 듣고 미래에 대해서 예측하면서 공부하니 너무 좋다. 이 책의 문장이 나에게는 엄청난 희망을 준 것이나 다름없다.

독서를 하면 내가 몰랐던 정보, 지식, 경험을 습득할 수 있다. 인생이 항상 순탄하게 지나갈 수는 없다. 누군가 당신에게 조언이나 긍정적인 말을 해주는 사람이 있다면 굳이 독서를 할 필요가 없다. 만약에 없다면 독서를 해야 한다. 책에서 말하는 내용은 당신의 삶을 바꿔줄 수 있고 행복한 삶을 찾아갈 수 있도록 도와줄 수 있다. 우리의 삶에 긍정적인 에너지를 준다. 책을 항상 옆에 가지고 다니면서 독서를 꾸준히 하다 보면 분명히 행복할 것이라고 말하고 싶다.

나는 아직 젊은 나이이다. 3년 후에는 어떤 삶을 살고, 또 10년 후에는 어떤 행복한 삶을 살고 있을지 기대된다. 사람은 누구나 잠재된 능력이 있고, 열정이 있다. 당신이 지금 힘들고 앞으로 어떤 삶을 살지 걱정된다면 독서를 해라. 책은 우리 삶의 해답을 찾아주는 비장의 히든카드라고 감히 말하고 싶다. 나는 책으로 인해서 행복한 삶을 찾았다. 앞으로 미래에는 지금보다 더 행복한 삶을 살 수 있다고 확신한다. 당신이 선택해라. 책을 읽고 행복한 삶을 살 것인가? 읽지 않고 반대되는 삶을 살 것인가?

06

좋은 책은 나의 마음에 드는 책이다

나는 카페, 집, 회사 등 장소를 가리지 않고 독서를 한다. 친구를 만날 때도 잠깐 이야기하고는 독서 하는데 빠져든다. 그래서 종종 사람들이 나에게 "요즘 어떤 책이 좋아?"라고 물어본다. 항상 이 이야기를 들으면 당황한다. 내가 한 가지 예를 들겠다. 당신이 만약 좋아하는 이성 친구가 있으면 좋아하는데 특별한 이유가 있을까? 굳이 특별한 이유는 없다. 그냥 끌리고 좋아하는 게 제일 크다. 책을 좋아하는 것도 이와 비슷한 원리다. 사람들이 어떤 책이 좋은가에 대한 기준을 이야기해도 굳이 따를 필요 없다. 그냥 내 마음에 드는 책이 있다면 그 책이 좋은 책이다.

나는 일주일에 2~3번 정도 서점에 간다. 서점에 가면 항상 책을 보면서 요즘 사람들은 어떤 책을 읽는지 유심히 지켜본다. 소설, 에세이, 시, 자기계발, 경제, 재테크 등 다양하게 많다. 사람들이 책을 고르는 기준은 무엇일까? 책 표지가 예쁘거나, 제목이 끌리거나, 가격이 생각보다 싸니까, 혹은 유튜브에서 유명한 사람이 추천해준 책이니까 구매하는 경우가 많을 것이다. 나는 그 이유가 무엇이든 상관없다. 그냥 자신이 좋아하고 마음에 드는 책이 생기면 그 책을 통해 내 인생에 많이 도움이 될 뭔가를 얻을 수 있을 것으로 생각한다.

책을 고르는 이유는 정말 셀 수 없을 정도로 여러 가지가 있다. 요즘 주식 투자를 하는 사람이 많다. 그 사람에겐 주식에 관한 책이 도움이 될 것이다. 직장인에게는 업무에 관련된 책이나 자기계발서가 큰 도움이 될 것이다. 감수성이 풍부하고 창의력이 좋은 사람에게는 소설, 시, 문학에 관련된 책이 괜찮다고 생각한다.

먼저 좋은 책을 고르기 전에 자신이 어떤 분야에 관심이 있는지 먼저 생각하자. 그러면 분명 나에게 맞는 좋은 책을 고를 수 있다.

책은 단순하게 글을 읽으면서 지나치는 행위가 아니다. 읽으면서 머릿속으로 계속 생각하고 정리하고 나에게 필요한 내용과 정보를 기억해야 한다. 각자 사람마다 같은 책을 읽더라도 생각하는 바와 느낌이 너무 다르다. 그 이유는 사람마다 가치관이 다르기 때문이다. 그러므로 자신이 정말 어떤 책을 읽고 싶은지 정확히 알아야 하고, 나에게 맞는 책을 골라야 한다.

사람마다 책을 고르는 기준은 각자 다르지만, 책을 고를 때 기본적으로 중요한 것은 자신에게 맞는 책이어야 한다는 것이다. 책을 보다 보면 많은 페이지가 이해하기 어렵거나 이미 아는 내용이라 쉽게 느껴지는 경우가 있을 것이다. 그런 책은 끝까지 읽기 어렵다.

지은이에 대한 정보를 유심히 보는 사람이 많다. 대부분 널리 알려진 책일수록 신뢰도도 높은 편이다. 그만큼 내용 퀄리티와 품질면도 탄탄하다고 생각해서 고르는 게 많은 것 같다. 서점에 가면 베스트셀러나 스테디셀러가 많이 팔리는 것도 다 이유가 있는 것 같다.

일단 방금 앞서 내가 말한 것은 기본적으로 책을 고를 때 중요한 것이다. 이번에는 내가 좋아하는 책을 고를 때 이야기를 하려고 한다.

내가 관심이 있는 분야는 자기계발, 주식, 경제다. 서점에 갔을 때 책을 고를 때 나만의 기준이 있다. 일단 먼저 자기계발에 관련된 저서를 고르는 기준에 대해서 말하겠다. 나는 성공하고 싶고 부자가 되고 싶어서 성공에 관련된 저서에 관심을 가지고 고른다. 이때는 먼저 성공의 법칙에 관련된 책을 고른다. 그런 책을 쓴 저자는 보통 유대인이고 사람들이 찾지 않는 책이다. 이런 책은 베스트셀러에 전시되어 있지 않고 보통 사람들이 찾기 힘든 자리에 꽂혀 있다. 한 권을 찾는데도 평균적으로 1시간 정도가 걸리는 것 같다. 다른 사람들은 지금 시대에 성공하고 싶다면 최근에 나온 책을 구매해야 하는데 왜 오래된 책을 찾냐고 생각할 수도 있다. 물론 맞는 말이기는 하다. 그렇지만 개인적으로 성공을 하고 싶은 사람이라면 성공의 법칙을 알아야 한다고 생각한다. 책을 쓴 성공자들도 성공의 법칙에 관한 유대인의 책을 많이 읽었다고 한다. 이런 영향을 받고 성공해서 책을 쓴 것이다. 일단 먼저 성공하고 싶다면 유대인이 쓴 성공의 법칙에 대해 읽어야 한다. 그 후에 요즘 성공한 사람이 어떤 방법으로 성공을 했는지 비교해서 읽고 자신에게 대입하면 좋을 것이다.

이번엔 주식에 관련된 저서를 고르는 기준에 대해 말하겠다. 그 기준은 아주 오래전부터 투자로 활동한 사람의 책을 고르는 것이다. 대표적으로 유명한 인물로는 워런 버핏, 앙드레 코스톨라니, 벤저민 그레이엄, 피터 린치 등이 있다. 이런 책들도 베스트셀러에 전시되지 않는다. 보통 사람들이 찾기 어려운 곳에 꽂혀 있다. 요즘 잘나가는 슈퍼개미 투자자들도 이 사람들의 영향을 많이 받고 자신만의 투자 원칙을 잡아 지금의 자리까지 올랐다. 처음 주식 투자를 접하는 사람들이라면 반드시 내가 말한 대표적인 사람들의 책을 읽어야 한다. 주식의 기본 원리, 투자 원칙을 잡기 위해서다. 투자라는 것은 전문가도 예측할 수 없다. 처음에는 어려울 수 있다. 그렇지만 계속 꾸준히 읽다 보면 어느 정도 감이 잡힐 것이다. 그 후에 국내에서 출판된 주식에 관련된 책을 읽는 것을 추천한다. 그렇게 되면 주식 책이 재미있고 빠르게 읽힐 것이다.

마지막으로 경제에 관련된 저서를 고르는 기준에 대해 말하겠다. 경제는 처음 사람들이 접할 때 많이 어려울 것이다. 나도 처음에 경제에 관심을 가졌을 때 정말 어려웠다. 인플레이션, 금리, 중앙은행, 디플레이션, 양적 완화 등 정말 생소한 내용이 많았다. 이런 지식은 학교에서도 배울 수 없는 내용이라서 더 어려웠다. 일단 먼저 경제에 대한 기초적인 지식부터 쌓을 수 있는 책을 찾는다. 그 후에 앞으로 경제가 어떻게 흘러갈지 미래 예측을 기록하고 정리한 책을 본다. 이런 경제 분야 쪽에서는 최근에 나오는 책을 고르는 게 좋다. 경제 분야에서 출간된 지 오래된 책은 시대적 흐름을 반영하지 못하고 뒤처지는 경우가 대부분이다. 요즘 시대는 옛날과는 다르게 너무 빨리 변하기 때문에 최근에 나온 책을 보는 것을 권장한다.

어떻게 생각해보면 지금 내가 말한 3가지 분야에 대해서 어느 학교에서도 알려준 적이 없다. 아니, 알려주지 않는다. 이유는 간단하다. 굳이 가르칠 필요성이 없어서다. 만약 학교에서 성공, 주식, 경제에 관련된 교육에 대해 알려주게 되었을 때, 그 지식이 쌓이면 어떻게 될까? 나중에 자산가들의 위치를 위협하고 경쟁하게 될 것이다. 그럼 부자들이 많이 탄생하게 될 것이고 투자계약에서도 많은 혼란이 일어날 것이다. 그뿐만 아니라 은행에서도 협상권을 가지기 힘들 수 있다. 그만큼 경제는 알면 알수록 재미있으면서 복잡하다. 지금 이야기는 내가 관심이 있고 좋아하는 책을 고르는 것에 관한 이야기다. 만약 당신이 자기계발, 주식, 경제에 관련된 책에 관심이 있다면 내가 하는 방법을 따르길 추천한다. 반면 다른 분야 쪽에 관심이 있는 사람이라면 굳이 내 방식을 따를 필요는 없다. 사람마다 좋아하는 책이 다르고 기준이 있는 것이니까.

일단 좋은 책을 선별해서 고르고 싶다면 책을 많이 읽는 게 첫걸음이다. 독서력이 쌓이고 내공이 탄탄하게 쌓여야 지금 나에게 필요한 책을 고르는 게 가능하다. 지금 당장이라도 좋은 책은 읽고 싶은데 어렵다면 인스타그램 다이렉트 메시지로 나에게 요청해도 좋다. 이때, 책을 읽으려는 목적을 명확하게 말해야 한다. 만약 이 방법이 어렵다면 자신이 어떤 책을 읽고 싶은지 선정해서 구체적으로 제안하는 것도 좋은 방법이다. 재미가 있는가? 지식에 많은 도움이 되는가? 나의 고정관념을 바꿀 수 있는가? 뭔가 새로운 것이 있는가? 나와 공감대가 맞는가? 내가 말한 주제 이외에도 여러 가지가 많다. 당신에게 필요한 주제를 선별해서 맞는 책을 고를 수 있길 바라는 마음이다.

07

책은 내적 성장을 도와준다

지금 당신은 진심으로 성공하고 싶은가? 성공하고 싶은데 어떻게 해야 할지 모르겠는가? 미래에는 성공하고 싶은데 지금 자신의 삶에 변화가 없다면 먼저 내면의 태도를 바꾸라고 말하고 싶다. 그것을 바꾸는 방법은 무엇이라고 생각하는가? 그건 바로 책을 읽는 것이다. 이렇게 강조해도 책을 읽지 않는 사람이 대부분이다. 책을 읽지 못하는 이유는 두 가지로 말할 수 있다. 첫 번째는 삶이 변할 수 있다는 것을 믿지 않는다. 두 번째는 책을 읽으면 변할 수 있다고 믿어도 여태까지 책을 읽지 않았고 책 읽기 전부터 '잘 읽을 수 있을까?'라는 의심을 먼저 한다.

아무리 비싼 음식이나 명품이 있어도 믿지 못하면 쓰레기에 불과하다. 책이 당신을 바꾸기 어렵다고 느끼면 책도 읽히지 않는다. 책을 읽는 습관도 없고, 만약 읽더라도 자신의 변화를 느끼지 못했던 사람이라면 처음에 독서를 하는 일은 쉬운 것이 아니다. 처음부터 책을 읽고 단기간에 삶에 변화가 일어난다면 거짓말이다. 그런 일은 절대 없다. 세상에 그런 일이 있다면 사기라고 말하고 싶다. 그러나 나는 책을 읽으면서 정말 나 자신이 바뀌었다고 자신 있게 말할 수 있을 정도로 변했다. 이것에 대해 말하려고 한다.

예전에 나는 매사에 두려움이 많고 나의 주관이 없었다. 다른 사람에게 나의 주장을 떳떳하게 말하지도 못했다. 조금이라도 걱정할 일이 생기면 불안에 떨었다. 이렇게 25년 가까이 살다 보니 '성공하고 싶은데 지금 삶에서 과연 가능할까?'라는 생각도 들었다. 유튜브에 있는 동기부여 영상, 성공에 관련된 영상을 수십 번이나 봤다. 처음에는 이 영상들을 봤을 때 공감이 가고 가슴에 와닿았다. 성공할 수 있고 바뀔 수 있다는 자신감이 생겼다. '진짜 성공이 무엇인지 내가 보여줄게.'라고 주먹을 불끈 쥐며 다짐했다. 한 일주일 정도 지났을 때였다. '내가 회사에서 일하면서 받는 돈은 200만 원 중반인데 이 돈으로 어떻게 성공하지?'라는 생각이 들었다. 불과 일주일 전만 하더라도 열정이 엄청났는데 말이다. 계속 고민하고 문제점을 찾으려고 노력해도 쉽게 나오지 않았다. 여기에 시간을 쏟은 나머지 성공하겠다는 열망은 순식간에 사라졌다. 오히려 내가 안 되는 이유만 찾게 되었다.

'성공한 사람은 정말 무슨 이유가 있을 거야. 그 사람은 운이 좋고 능력도 좋고 집에 돈이 많으니까 가능하지. 인맥도 정말 많으니까 가능한 거야.'

안 되는 이유를 합리적으로 만드는 데만 몰두했다. 이런 말도 안 되는 생각만 하니 절대 발전할 수 없는 것이었다. 성공에 있어서 가장 중요한 것은 자신을 믿고 확신하는 것이다. 내면의 의식 안에서 항상 '나는 성공하겠다.'라는 마음을 잡고 안된다는 의심을 조금이라도 해서는 안 된다. 처음에는 이 방법이 힘들 수 있다. 지금까지 살면서 이런 시도를 해본 적이 없으니까. 당신은 성공에 대해서 자세하게 연구해본 적이 있는가? 이 말에 답을 할 수 있는 사람은 극소수라고 생각한다. 진짜 성공한 사람은 성공하기 전부터 미래에 대해서 끊임없이 계획하고 죽을 각오로 노력한 사람이다. 남들이 하지 않은 외로운 싸움을 혼자서 이겨낸 사람이다. 남들이 하지 말라고 할 때 자신은 확신을 가지고 묵묵히 걸어온 사람이라고 표현하고 싶다.

내 또래 친구들은 월급날이 다가오면 이런 이야기를 한다. "빨리 월급

날이 와서 회식하고 싶다.", "월급 나오면 저축해야지.", "월급 나오면 컴퓨터 사야지." 등 대부분 이런 얘기다. 친구들의 이야기를 듣다 보면 말문이 막힐 때가 있다. '만약에 내가 월급을 받았다면 그 종잣돈으로 현금이 일하는 시스템을 만들었겠다.'라고 혼자 생각했다. 그렇게 가만히 있으면서 친구들이 하는 대화를 묵묵히 듣고 있었는데 친구 한 명이 말했다.

"호걸아, 너는 월급을 받으면 무엇을 하는 데 써?"

"나는 월급 받은 돈을 주식, 부동산 투자에 사용한다. 그리고 투자, 자기계발에 관련된 서적을 구매하는 데에도 사용해."

"대단하네, 그런데 투자를 하려고 하면 돈이 많이 있어야 가능한 거 아니야? 그리고 책을 읽는다고 해도 큰 변화가 있을까?"

순간 화가 났지만 마음을 가라앉히고 말했다.

"투자에 있어 돈은 중요해. 그렇지만 제일 중요한 것은 자신만의 확신이야. 자신감을 가지고 자신을 믿어야지."

그 친구가 다시 한번 되물었다.

"진짜로? 현실에서도 가능한 일이야? 우리는 직장인이고 월급도 얼마되지 않는데 어떻게 그게 가능해?"

이런 대화를 계속 이어가다 보니 화병이 날 것 같았다. 왜 자꾸 자기 자신을 믿지 못하고 의심하는가? 스스로 변화하려는 기미도 보이지 않는다. 정말 농담이 아니라 이런 말을 하는 사람이 어떤 사상을 가졌는지 궁금하다. 사람의 속마음을 읽을 수 있는 능력이 있다면 사상을 바꾸고 싶을 정도다. 뭐 현실에서는 불가능하지만 말이다. 그래서 굳이 이 문제에 대해 신경 쓰고 싶지 않다.

성공을 다 떠나서 모든 일을 할 때도 마찬가지다. 만약 당신이 어떤 일을 배울 때 처음부터 잘할 수는 없을 것이다. 이럴 때 필요한 사람을 멘토라고 한다. 멘토는 당신이 처음 시작하는 일을 효율적이고 빠르게 성공할 수 있도록 이끌어주는 사람을 말한다. 만약 당신이 좋은 멘토가 있다고 하자. 멘토가 시키는 대로 열심히 하고 배웠는데 바뀌지 않았다. 도대체 무엇이 문제일까? 답은 내면에 확신이 없기 때문이다. 당신의 내면 안에 자신에 대한 믿음이 없으면 아무리 좋은 멘토가 당신에게 훌륭한 가르침을 준다고 해도 소용없다. 당신이 지금 성공을 위해서 행동한다면 어떤 사람은 부정적으로 볼 수도 있다. 이런 사람은 그냥 멀리하라. 누가 뭐라고 지껄이든 신경 쓰지 말자. 그러나 이렇게 말을 해도 사람인지라 사람들의 시선을 신경을 쓰지 않기가 어려울 것이다. 당연히 사람이니까 이해할 수 있다. 처음부터 완벽할 수 없으니까.

이 문제의 해결방안을 제시해줄 수 있는 도구가 있다면 무엇이라고 생각하는가? 당연히 책을 읽는 것이다. 나도 원래는 책이랑은 거리가 멀었다. 어릴 때부터 읽은 책이라고는 만화책, 소설밖에 없다. 솔직히 말하면 그냥 읽으면서 공감한 게 전부였다. 바뀌려고 노력하지는 않았다. 내가 본격적으로 책을 읽어야겠다고 생각한 것은 나의 내면의 태도를 바꾸고 싶었기 때문이다. 책이 알려주는 메시지는 사람을 바꾸는 엄청난 힘이 있다. 처음부터 책을 읽기 전에 의심하지 말고 읽어야 한다. 한 번만 읽고 끝내면 안 된다. 한 권을 읽더라도 집중해서 읽어야 한다. 읽다 보면 좋은 문장이 많이 있을 것이다. 꾸준하게 읽다 보면 나도 모르는 사이에 많은 변화가 일어날 것이다. 나도 꾸준한 독서를 했고 지금보다 더 성장할 수 있었다. 나를 변화시켜준 책은 정말 많다. 그중에 하나를 선택한다면 주저 없이 하브 에커의 『백만장자 시크릿』을 뽑겠다. 이 책은 내가 성공하기 위한 마인드를 제대로 잡아줬다. 이 책을 읽으면서 나에게 큰 힘이 되었던 문장이 있다. 당신에게도 내가 말하는 문장이 공감이 가고 큰 힘이 되었으면 좋겠다는 의미에서 말하겠다.

"부자가 되기 위해서는 집중력, 용기, 지식, 전문기술, 100%의 노력, 포기하지 않는 태도, 백만장자 마인드가 필요하다."

책은 성공할 수 있는 다양한 방법을 알려준다. 힘들어도 언제나 책이 옆에 있으면 행복하다. 내가 조금이라도 부정적인 생각을 하면 책에 있는 좋은 글이 나를 잡아준다. 유튜브에 나오는 성공 영상들은 시간이 지나면 잊어버린다. 반면에 책은 글로 되어 있어서 기억이 안 나는 부분이 있으면 그 부분을 다시 펼쳐 볼 수 있다. 당신이 진심으로 성공하고 싶고 변하고 싶다면 책을 읽어라. 자신의 내적 성장을 도와주는 큰 무기는 바로 책이다. 내가 말하는 대로 의심하지 않고 책을 읽는다면 당신에게 엄청난 변화가 올 것이다.

08

책은 모든 일을 이루게 해주는 마법이다

우리는 모두 각자 다양한 일을 하면서 살아가고 있다. 선생님, 요리사, 영업인, 운동선수, 작가, 헬스 트레이너, 연예인 등 정말 다양하다. 그중에 자신의 분야에서 자부심을 느끼고 열정적으로 임해서 좋은 결과를 내는 사람은 얼마나 될까? 내 생각에는 10명 중에 1~2명 정도일 것이라고 본다. 나머지 사람은 자신이 하는 분야에서 열심히 해도 좋은 결과가 나오지 않거나, 방황하고 다른 분야로 이직하기도 할 것이다.

지난날을 돌아보면 나도 하고 싶은 일이 너무 많았다. 학창 시절에 선생님이 "너는 나중에 무엇을 하고 싶니?"라고 물어보면 약사, 의사, 가수, 배우, 모델, 선생님 등 많은 꿈을 이야기했다. 중학교 졸업하기 전까지만 해도 명확한 꿈은 없었다. 그저 희망 사항일 뿐, 내가 본격적으로 명확한 꿈을 갖기 시작한 때는 고등학교 1학년 때다. 그 꿈은 멋진 모델이 되는 것이었다. 모델이라는 꿈을 갖게 된 이유는 집에 있을 때 컴퓨터에서 옷을 사려고 검색하다가 우연히 한 사람이 눈에 띄었기 때문이다. 그 사람은 모델 '김원중'이다. 그는 국내 패션모델 중에 인지도가 워낙 많아서 유명했고, 외모도 개성 있고 어떤 옷을 입어도 잘 소화했다. 거기다 동양인 최초로 프라다 패션쇼에 데뷔한 이력도 있다. 충격 그 자체였다. 패션으로도 다른 사람에게 큰 감동을 줄 수 있다니 말이다. 그때부터 모델이 되겠다고 다짐했고 20세에 서울로 상경해서 모델에 도전했지만 실패했다. 실패에 대한 상실감이 너무 커서 군대에 입대했고 전역한 후에 다시 한번 모델에 도전했다. 국내에도 지원해보기도 하고, 해외에도 몇 군데 지원했지만 전부 떨어졌다. 한 번이라도 붙을 줄 알았는데 전부 떨어지니 상실감은 더 커져만 갔다.

그 후로 모델에 대한 꿈은 과감하게 잊어버리고 어떤 일을 할지 고민하고 있는데 친한 매니저 형한테서 전화가 왔다.

"호걸아, 너 요즘 어떻게 지내고 있어?"

"그냥 백수예요. 요즘 할 것도 없고 앞으로 어떤 일을 할지 고민이에요."

"그래? 그러면 너 군대 가기 전에 백화점에서 영업 사원으로 잠깐 일했던 적이 있잖아. 그 당시는 아르바이트 개념으로 일했지만, 이번에는 영업에 대해 진심으로 하고 싶은 마음이 있으면 형 밑에서 제대로 일해볼래?"

"네, 좋습니다. 그런데 일하게 된다면 월급은 어느 정도 되나요?"

"일단 경력이 많이 없다 보니 초반에 월급 100만 원대 초반부터 시작할 거야. 하지만 어느 정도 경력도 되고 판매도 잘하면 월급도 인상될 거야."

"음, 나쁘지 않네요. 알겠습니다. 지금 당장이라도 불러주시면 출근하겠습니다."

이 당시에는 당장 할 수 있는 것도 없었고, 고졸에다 스펙도 내세울 것이 없었다.

그나마 나름 잘했던 것이라고는 영업밖에 없었다. 그래서 매니저 형의 제안을 수락했다. 이제 본격적으로 출근하는 날이 다가왔다. 너무 오랜만에 하는 것이라 그런지 적응이 되지 않았고, 고객님이 올 때마다 응대하는 것도 자연스럽지 못했다. 하지만 시간이 지날수록 고객을 응대하는 것에 자연스러워졌고, 판매 실적도 나아지기 시작했다. '정말 이게 내 천직인가?'라고 생각하면서 열정적으로 했다. 그로부터 1년 정도 지났을 때,

영업에 대한 열정은 점점 사라지기 시작했다. 내가 아무리 영업을 잘해도 매장 매출이 좋든, 좋지 않든 내 월급은 크게 변함이 없었다. 휴일은 일주일에 1번 정도뿐이었다. 쉽게 말하면 한 달에 4번 정도 쉬는 셈이다. 그렇게 1년 동안 번 돈은 고작 1000만 원대 초반 정도밖에 되지 않았다. 그리고 매니저가 되려면 최소 5년 이상의 경력이 있어야 하고 된다는 보장도 없었다. 어차피 매니저가 되었다고 해도 누군가의 틀에 맞춰서 일한다는 건 변함이 없었다. 차라리 그 시간에 다른 일을 찾아서 하는 게 낫다고 판단이 들었고 나중에 매니저 형에게 그만두겠다고 말했다. 처음에는 매니저 형이 잡으려고 여러 번 설득했지만, 그만두겠다는 나의 의지는 변함이 없었다. 그렇게 영업 사원을 그만두고 나는 백수 신세가 되었다.

이제 나는 직업도 없었고 어떻게 해야 할지 더 막막했다. 이 당시 너무 힘들어서 그냥 되는대로 살겠다는 생각도 했었다. 매일 방황하고 일도 잘 풀리지 않아서 어떻게 해야 할지 방법을 찾던 도중 '책'이라는 도구를 알게 되었다. 그 책은 자기계발 관련 서적이었다. 표지와 제목이 끌려서 읽기 시작했는데 내용이 너무 와닿았다. 그 후로 다양한 자기계발 서적을 읽기 시작했다. 그 많은 책 중에 내가 감명 깊게 봤던 문장이 있다.

"자신이 이루고 싶은 목표를 버킷리스트에 적어라. 그러면 분명 이루어질 것이다."

이 문장을 보고 노트에 내가 이룰 수 있는 목표들을 적어나가기 시작했다.

1. 1년 안에 1500만 원의 종잣돈 마련하기
2. 1년 안에 토지 등기 마련하기
3. 지금 다니고 있는 회사를 1년 이상 근무하고 정직원으로 전환해서 퇴직금 받기
4. 1년 안에 부모님 빚을 1600만 원 이상 갚아주기
5. 자동차 마련하기

이 당시 적은 리스트는 현실적으로 내가 최대한으로 할 수 있는 목표로 적은 것이다. 그리고 실천했는데 정말 놀라운 일이 일어났다. 한 가지는 아쉽게 달성하지 못했지만, 나머지 네 가지는 내가 적은 그대로 이룬 것이다. 그것도 1년 안에 말이다. 지금 생각해도 꿈인지 현실인지 알 수 없을 정도로 놀랍다. 그냥 책이 알려주는 대로 실천했을 뿐인데 정말 이루어진 것이다. 지금 이 책을 읽고 있는 사람은 이런 생각이 들 수도 있다. '설마 저게 되겠어?', '그냥 운이 좋아서 가능했던 거 아니야?'라고 말이다. 만약 그렇게 생각한다면 실수한 것이다. 이렇게 생각한다면 책을 읽어도 똑같은 삶을 살게 될뿐더러 현재에서 변화하지 못할 것이다. 솔직히 말하면 대부분 사람은 책을 읽어도 자신이 생각한 대로 이루어지지

않는 사람이 대부분일 것이다. 왜 그렇다고 생각하는가? 여러 가지 이유가 있겠지만 한 가지를 꼽자면 이렇다.

책의 내용을 읽고 다 알고 있지만 실천하지 않는다. 당신을 변화하게 만들어줄 수 있는 영향력이 있는 책이라고 해도 실천하지 않으면 그 책은 안 본 것이나 다름없다. 책이 모든 일을 해결해줄 것이라고 착각하지 마라. 당신이 실천하지 않으면 어떤 일도 일어나지 않는다. 세상에 모든 일을 해결해줄 수 있는 도구는 어디에도 없다. 그 도구가 있다면 그건 사기라고 말하고 싶다. 만약 있으면 나한테 가져왔으면 한다.

당신은 모든 일이 잘 풀리고 성공하고 싶은가? 아니면 그냥 흘러가는 대로 의미 없이 죽을 때까지 인생을 보낼 것인가? 그냥 나는 나대로 살겠다면 상관없지만 모든 일이 잘되고 싶다면 책을 읽어라. 책을 읽기 전까지만 하더라도 나의 인생은 미치도록 힘들었다. 그런데 지금 책을 통해 얻은 내용으로 실천하니 짧은 시간에 내가 원했던 모든 일이 잘 풀리기 시작했다. 한 편의 영화 주인공이 된 것처럼 말이다. 책은 나에게 있어 모든 일을 이루게 해주는 마법의 도구이다. 당신도 지금 일이 풀리지 않는다면 책을 읽고 실천해라. 그러면 당신이 놀랄 정도로 정말 모든 일이 이루어질 것이다.

책을

읽고 난 후

좋은 일들만

일어나기

시작했다

3장

책을 가까이한다면

좌절하거나

실패할 일은 없다

01

성공은 책 읽기에서 시작된다

나는 어렸을 때부터 가난했고 아무것도 가진 것이 없이 태어났다. 인생을 살다가도 내 뜻대로 되지 않는 일이 있으면 포기했다. 돈도 없고 주변에 성공한 사람이 없어서 성공한 사람도 쉽게 만날 수 없었다. 지방에서 태어난 탓을 할 수는 없겠지만, 지방에서 제대로 성공한 사람은 드물다. 성공은 하고 싶은데 어떻게 해야 할지 몰라서 일단 성공한 사람들의 책을 읽고 연구했다. 성공한 사람의 책들을 여러 권 읽으면서 많은 느낌을 받았다. 성공한 사람도 대부분 어렸을 때부터 가난했다. 하지만 어려운 환경에서도 어떻게든 성공하겠다고 다짐했고 어려운 시련이 와도 이겨냈다. 그 결과 지금의 자리까지 올 수 있었다. 나는 성공한 사람의 책을 보면서 잠시 책을 덮고 이런 생각을 했다.

'나보다 어려운 환경에서도 시작해서 성공한 사람이 있는데, 내가 성공하지 못할 게 뭐가 있을까?'
'나도 어려운 환경에서 성공했을 때 다른 사람에게 할 수 있다는 희망을 준다면 이것도 봉사하는 것이나 다름없겠구나.'

그 이후로 집에서 많은 고민을 했다. 나도 원래는 성공하겠다는 목표를 가진 적이 없었는데 성공한 사람의 책을 보고 희망을 얻었다. '나도 성공해서 많은 사람에게 희망을 주는 사람이 되어야지.'라고 생각했다. 그런데 한 가지 문제가 있었다. 내가 만약 성공한다고 해도 모든 사람에게 일일이 희망을 줄 수 없는 노릇이다. 도대체 어떻게 해야 수많은 사람에게 어려운 환경에서도 희망을 줄 수 있을지 노트에 적기 시작했다. 생각이 나지 않을 때까지 적었다. 그렇게 많은 글을 작성했고 다시 한번 내가 쓴 글을 점검했다. 그러다 눈에 띄는 단어가 있었다. 바로 작가가 되는 것이었다. 작가라는 단어를 보면서 많은 생각이 들었다.

'내가 만약 작가가 된다면 내가 쓴 책을 독자들이 봤을 때 희망을 얻을 수 있겠다.'

그렇게 나는 작가라는 꿈을 가지게 되었다. 그리고 어떻게 해야 작가가 될 수 있을지 검색하다가 이지성 작가를 알게 되었다. 나는 이 사람이 궁금해서 유튜브에서 이지성 작가를 검색했다. 수많은 영상 중에 이지성 작가의 이야기를 다룬 MBC 다큐멘터리 〈사람이 좋다〉라는 프로그램이 있었다. 처음에 이 영상이 무엇인지 궁금해서 봤는데 이지성 작가도 작가가 되기 전까지 많은 시행착오가 있었다고 한다. 그는 아버지의 사업 실패로 인해 20억에 가까운 빚을 졌다. 초등학교 교사로 근무하며 월급을 받아도 전부 빚 갚는 데 사용했고 날마다 빚쟁이들이 학교에 찾아오기까지 했다.

그 상황에도 불구하고 하루 3~4시간 정도만 자면서 썼던 원고를 출판사에 투고했지만 전부 거절당했다. 하지만 이지성 작가는 포기하지 않았고 꾸준하게 원고를 써 내려갔다. 나중에는 전업 작가가 되기 위해 학교를 떠났고 여러 권의 책을 출간했다. 처음부터 바로 베스트셀러 작가가 되지는 못했다. 그래도 그는 포기하지 않고 꾸준하게 책을 출간했다. 그 결과 『꿈꾸는 다락방』이라는 책을 통해 그의 이름을 널리 알려 베스트셀러 작가가 되었다.

나는 이지성 작가를 보면서 많은 것을 느꼈다. 현재는 인세로만 몇십억 원 들어오는 작가이지만 과거에는 시행착오가 많았다는 사실도 그중 한 가지다. 침대에 누워 눈을 감고 많은 생각을 했다.

'아, 내가 작가라는 직업을 너무 만만하게 생각했구나.'

'내가 지금 성공한 사람도 아닌데 작가를 하기에는 무리가 있겠구나.'

'내가 직장을 다니면서 하는 일도 많은데 작가라는 꿈을 가지는 건 불가능하겠구나.'

그 이후로 나는 작가라는 꿈을 잠시 접고 직장에 다니면서 책 읽는 것에 집중했다. 직장을 다니면서 밤낮을 가리지 않고 나를 발전시키기 위해 미친 듯이 책을 읽었다. 그런데 거의 쉬지 않고 일하면서 책을 읽다 보니 내 몸은 지쳐만 갔다. '아, 내가 너무 쉬지 않고 무리했나.'라는 생각이 들었다. '그래, 오늘 하루만 쉬자.'라며 생각하고 카페에 갔다. 카페에 가서 커피 한 잔의 여유를 만끽하며 인스타그램을 보면서 요즘 사람들이 어떤 책을 읽는지 찾아봤다.

책 읽는 사람들의 인스타그램을 보다가 어느 한 사람이 올린 인스타그램 사진이 눈에 띄었다. 나는 그 사진을 본 후에 설명을 봤는데 정말 놀랐다. 10권 이상의 책을 2주 만에 읽었다고 설명이 되어 있었다. 나는 이 사람이 궁금해서 인스타 DM으로 쪽지를 남겼다. '책을 어떻게 해야 잘 읽을 수 있을까요?'라고 말이다. 얼마 후 그 사람에게 답장이 왔다. '제가 볼 때 그쪽은 책 읽는 사람보다 책을 쓰는 사람이 되는 게 좋을 것 같아요.'라고 하면서 카페 주소를 보내줬다. 나는 곧바로 그 카페에 접속했고 한 문구를 보며 놀랐다.

'성공해서 책을 쓰는 것이 아니라 책을 써야 성공한다.'

이 문구를 보고 이런 의문이 들었다. '책'이라는 건 성공한 사람만 쓰는 줄 알았는데 책을 써야 성공한다는 말은 무슨 의미일까. 너무 궁금한 마음에 일단 먼저 그 카페에 가입해서 조사하고 알아보기로 했다. 카페의 대표는 '김도사'라는 이름으로 활동하는 김태광 작가였다. 나는 이 사람이 어떤 사람인지 궁금해서 조사했는데 정말 놀랐다. 그는 25년간 250권 이상의 책을 낸 사람이었다. 10년간 1,100명 이상의 작가를 배출한 대한민국 책 쓰기 코치 중에서 탑에 드는 사람이었다. 거기다 책 쓰기 코칭계 최초로 뉴욕까지 진출한 이력이 있다. 그 후에 카페를 보면서 후기도 많이 봤는데 정말 신기했다. 스펙이나 기술, 아무것도 없던 사람이 책을 써서 1인 창업가로 살면서 활동하고 있었다. 그 외에도 방송 출연도 하면서 자신의 가치를 높이는 사람도 많았다. 나는 '정말 이게 가능한 일인가?' 라는 생각에 잠겼다. 그리고 나는 책을 통해 나의 진정한 꿈을 찾고 실천해서 삶이 바뀌었으니 나의 경험을 책으로 써서 다른 사람에게 희망을 줘야겠다고 결심했다. 그렇게 나는 카페에 가입했고 나중에 김태광 작가를 찾아가게 되었다.

차를 타고 도착해서 사무실에 왔는데 김태광 작가는 없었다. 처음에는 어떻게 해야 할지 몰라 방황하다가 다른 작가 한 분이 나에게 와서 말했다. "작가님은 지금 바쁘셔서 조금만 기다려주시면 곧 오실 거예요."
그 말을 듣고 사무실을 구경하면서 계속 기다렸다. 그리고 얼마 후 김태광 작가가 도착했다. 그는 사무실에 들어왔고 서로 인사하는 순간에 너무 떨렸다. 그는 150억 자산가에 옷도 명품으로 무장되어 있었고 시계도 롤렉스 한정판으로 차고 있었다. 어떻게 보면 연예인을 보는 느낌이었다. 그렇게 나는 김태광 작가와 많은 이야기를 나누다가 갑자기 울컥했다. 그는 어렸을 때 너무 가난해서 나처럼 직장 생활을 하면서 수많은 원고를 써서 출판사에 투고했지만 전부 거절당했다고 했다. 하지만 포기하지 않고 꾸준히 원고를 쓴 결과 지금은 250권 이상의 책을 쓴 작가가 되었다. 그렇게 대화를 이어가다 나는 책을 쓰겠다고 결심했다.

지금 나는 이 원고를 쓰면서 많은 생각이 든다. 성공한 사람의 책을 읽으면서 누군가에게 희망이 되어주고 싶다는 생각을 간절하게 했다. 그 후에 작가라는 꿈을 가지게 되었지만, 내가 직장을 다니고 있으니 힘들다는 판단이 들어서 포기했다. 그러다 우연히 한 사람을 통해서 김태광 작가를 알게 되어 누군가에게 희망을 주기 위해 책을 쓰고 있다. 어떻게 보면 책 읽기에서 많은 영감을 얻어서 나의 꿈을 향해 지름길로 갈 수 있는 발판을 마련한 것이다.

정말 인생은 알다가도 모르겠다. 책을 싫어하던 사람이 책을 읽게 돼서 성공하겠다는 꿈을 가지고 지금까지 달려왔다. 그러다 나도 모르는 사이에 돌고 돌아서 지금 작가로 책을 쓰고 있으니 말이다. 그리고 성공한 사람과 좋은 사람들이 내 주변에 생기기 시작하면서 서로 많은 도움을 주고 있다. 나는 완전하게 성공한 사람이 아니라서 누군가에게는 내가 건방져 보일 수 있지만 나는 당당하게 말하고 싶다. 진짜 성공은 명문 대학교를 나와서 성공하는 게 아니다. 진정한 성공은 책 읽기에서 시작되는 것이다. 당신이 성공하고 싶으면 성공한 사람의 책을 읽고 많은 영감을 얻어 실천해라. 그러면 분명 나도 모르는 사이에 성공하는 길을 걷게 될 것이다.

02

나 자신을 하찮게 여기지 마라

.

집에서 TV를 켰는데 〈한끼줍쇼〉라는 프로그램이 나왔다. 이 프로그램은 개그맨 이경규와 강호동이 둘이서 진행하는 프로그램이다. 이 프로그램은 하루를 열심히 살아가는 우리와 같은 평범한 사람들의 삶의 모습을 보여주며 시청자에게 많은 공감을 준다. 그뿐만 아니라 게스트도 섭외해서 같이 진행하는데 이때 이효리와 슈가 게스트로 출연했다.

이경규, 강호동, 이효리, 슈가 같이 길을 걷고 있는데 혼자 하교하고 있는 예쁜 여자 어린이를 만났다. 강호동이 먼저 그 아이에게 어떤 사람이 되고 싶은지 물었다. 그러자 이경규가 "훌륭한 사람이 되어야지."라고 말했는데 이효리가 사이다처럼 시원하게 했던 말이 있다.

"뭘 훌륭한 사람이 돼, 그냥 아무나 돼."

이 말을 듣자마자 많은 생각이 떠올랐다. 내가 어렸을 때 어른들은 나에게 이런 말을 했다. "나중에 커서 멋지고 훌륭한 사람이 되어라.", "항상 남을 위해 베푸는 훌륭한 사람이 되어라." 이런 말을 너무 많이 들었다. '도대체 훌륭한 사람의 기준이 무엇일까?'라고 생각하고 지금까지 살아오면서도 답을 찾지 못했다.

계속 이런 생각만 하니 '나 자신이 너무 부족한가?'라는 생각이 머릿속에 맴돌았다. 그런데 이효리가 한 말을 들으니 답답했던 속이 뻥 뚫렸다. '그래 나는 그냥 나대로 살자.'라고 결심했다. 훌륭한 사람의 기준은 없다. 내가 성공해서 선한 영향력이 있는 사람이 되면 내 기준에서 훌륭한 사람이 된 것이나 다름없다.

2015년 3월에 내가 학교에 다니면서 모델을 준비할 때 '서울패션위크'가 열린다는 이야기를 들었다. '서울패션위크'란 1년에 2번 동대문 DDP에서 유명 디자이너들이 자신의 작품을 발표하는 엄청난 쇼다. 유튜브로 서울패션위크 영상을 본 적은 있지만 실제로 본 적은 없었다. 지방에 있었으면 보지 못했을 텐데 서울에 있으니 무조건 가야겠다고 생각했다. 그리고 집에 있는 옷장에서 어떤 옷을 입을지 봤는데 마음에 드는 옷이 없었다. 내 옷장에 있는 옷들은 너무 평범했다. 다른 옷을 사고 싶어도 돈이 없었다. 어떻게 해야 할지 한 시간 정도 고민했다. 한 시간 후에 나온 결론은 '지금 있는 옷이라도 최대한 잘 활용해서 입자.'였다. 그렇게 나름 꾸미고 동대문 DDP에 갔는데 그곳은 내가 상상했던 것과 너무 달랐다. DDP에 온 사람들은 대부분 모델이거나 모델 지망생이었고 옷도 너무 잘 입었다. 외모도 예쁘거나 잘생기고 키도 크고 비율도 좋고 개성이 넘쳤다. 나는 모델이 하고 싶어서 서울에 왔는데 막상 오고 여러 사람을 보니 나 자신이 하찮게 느껴졌다. '아, 모델은 아무나 하는 게 아니구나.'라고 말이다. 이런 생각을 할수록 내 자신감은 점점 떨어지기 시작했다. 그리고 이틀 뒤에 교수님을 찾아가서 말했다.

"교수님, 저 학교 못 다닐 것 같습니다."

"왜? 무슨 일이길래 그러니?"

"정말 곰곰이 생각했는데 제가 모델을 하는 사람과 비교할 때 옷을 잘 입는 편도 아니고, 얼굴도 잘생기지 않았고 매력이 없는 것 같아요."

그러자 교수님이 안타까운 마음으로 나에게 말했다.

"왜 그렇게 생각해? 내가 볼 때 너는 키도 나쁘지 않고 비율도 좋고 충분히 가능성 있어. 그리고 너는 다른 사람들과 다르게 너만의 특별한 매력이 있어. 너는 너야. 다른 사람과 비교하지 마. 너 자신을 소중하게 생각하고 자신감을 가져."

이런 말을 들었을 때 감동이었다. 지금까지 살면서 누가 나에게 이런 말을 해준 적이 없었다. 내가 모델을 한다고 했을 때, 대부분 사람은 나보다 잘난 사람을 비교하며 "네가 모델 하면 내 손에 장을 지진다."라고 말했으니까.

대부분 사람은 나보다 잘났거나 유능한 사람이 있으면 스스로와 비교한다. '저 사람이 열심히 하고 성공했을 때 나는 뭐 했지.' '내가 너무 뒤처지는 것은 아닌가.' 등 이렇게 무의식적으로 내 존재 자체를 부정한다. 물론 누군가 나보다 잘난 사람이 있을 때 비교하게 되는 것은 당연하다. 그렇게 안 좋은 감정이 밀려올 때 스스로 토닥이면서 감정을 제어할 줄 알아야 한다. 그 마음을 조절하고 치유할 수 있는 사람은 오로지 나 자신이다. 지금 스스로 자기 자신을 하찮게 여기고 있다면 어떻게 해야 할까? 자신감을 가져야 한다. 자신감을 어떻게 가져야 할지 모르겠다면 그 해결 방법을 3가지 정리해서 설명해주겠다.

1) 자신감은 행동하는 데 있어서 큰 영향력을 발휘한다.

지금 자신이 쓸모없다고 생각하면 당신의 가치는 낮아질 수밖에 없다.

사람은 자신이 생각하는 관점과 일치하는 행동을 하게 된다. 이런 생각을 한다면 계속 나 자신을 부정적으로 보게 되고 의심하게 되고 어떤 일이라도 하지 못한다. 지금 자신을 어떻게 바라보는지 그 관점에 따라 인생의 방향성이 바뀐다. 행동이란 가치관에서 나오는 것이다. 자신을 소중하게 생각하고 아낄 줄 아는 사람이 다른 사람에게도 좋은 에너지를 줄 수 있다.

2) 자신감이 부족하면 잠재 능력을 발휘할 수 없다.

다른 사람이 했던 일을 내가 할 수 없다거나 혹은 저 사람이니까 가능하다고만 생각한다면 자신의 잠재 능력은 묻혀버리게 될 것이다. 나는 이런 사람에게 말하고 싶다. "자신이 지금 누구에게 사랑이나 존경받을 가치가 없다고 생각하거나, 자신의 능력에 대해 의심하고 한계를 긋고 그것을 뛰어넘는 것을 두려워한다면 변화는 불가능할 것이다. 절대 자신에 대해서 한계를 두지 말자."

3) 내가 나를 평가하는 가치만큼 상대방도 나를 평가한다.

누군가가 "넌 할 수 없어."라고 비난하거나 "네가 그렇지."라며 비난하더라도 자기가 자신을 어떻게 보는지에만 집중하자. 다른 사람이 이리저리 이야기하는 것을 있는 그대로 받아들일 필요가 없다. 일일이 다 받아들이면 더 피곤하고 스트레스만 쌓인다. 누가 뭐래도 나 자신을 사랑하고 특별하게 생각하자.

자신의 가치를 존중하고 사랑하는 사람은 무너지지 않는다. 때로는 실패할 수도 있다. 인생을 살면서 실패는 당연하다. 그럴 때마다 절대로 포기하지 않았으면 좋겠다. 비록 힘들더라도 어떻게든 이겨내자. 이 마음을 잃지 않고 계속 전진하다 보면 언젠가 자신이 원하는 목적지에 갈 것이라고 믿는다. 지금 이 책을 잠시 덮고 잠깐이라도 좋으니 긍정의 자기암시를 해보는 건 어떨까.

지금 삶이 힘들고 나보다 뛰어난 사람이 있어도 당신은 당신대로 가라. 누군가 당신을 단정 지어서 부정적으로 말하면 한 귀로 듣고 한 귀로 흘려버리는 것이 편하다. 내가 외롭고 자신감이 없어질 때면 하는 행동이 있다. 바로 책을 읽는 것이다. 책을 읽으면 마음이 편해지고 자신을 하찮게 여기는 것을 멀리하게 된다. 부모님이 고통을 참아가며 낳아주신 귀한 생명인데 자신을 소중하게 생각했으면 좋겠다. 만약 나 자신을 하찮게 생각하면 부모님, 주변 사람들도 마음이 아플 것이다.

열심히 사는 데 성과가 없다면 독서를 하라

내가 서울에 상경한 후 돈이 없을 때였다. 배가 너무 고파서 밖에 나가려고 할 때 고시텔 실장님을 만났다. 그리고 실장님이 말했다.

"어디가?"

"집에 있는 게 너무 답답하고 힘들어서 그냥 혼자 밖에 돌아다니려고요."

실장님께서는 나를 안쓰러운 눈빛으로 보면서 말했다.

"너 밥 먹었어? 만약 안 먹었으면 같이 치킨 먹으러 갈래?"

"정말요? 너무 좋아요. 그럼 바로 치킨 먹으러 가요."

정말 실장님이 먼저 나에게 치킨을 먹자고 말해서 너무 기뻤다. 그렇게 길거리를 다니며 치킨집을 찾다가 가격도 저렴하고 괜찮은 치킨집을 발견했다. 바로 들어가 자리에 앉아 치킨을 주문했다. 치킨이 나오기 전까지 15분 정도 된다고 했다. 그 시간 동안 고시텔 실장님과 이야기하다 보니 기다리던 치킨이 나왔다. 바로 칼이랑 포크를 집고 치킨을 먹었다. 치킨을 먹을 때 내 기분은 하늘을 날아갈 것 같은 기분이었다. 그렇게 한 마리, 두 마리, 세 마리를 먹다가 마지막에는 나 혼자서 9마리를 먹었다. 정말 배가 터질 거 같은 기분이었다. 슬슬 다 먹고 집에 돌아가려고 밖으로 나가려고 할 때, 문 앞에 아르바이트를 구한다는 공고문이 있었다. 그래서 치킨집 사장님에게 물었다.

"혹시 아르바이트 구하나요? 만약 구한다면 바로 출근하려고 하는데 가능할까요?"

치킨집 사장님이 반갑게 이야기하며 말했다.

"네. 구하고 있습니다. 언제부터 출근 가능하세요?"

"가능하면 내일이라도 할 수 있습니다."

"알겠습니다. 그럼 내일 출근하세요."

믿을 수 없었다. 내가 치킨을 먹었던 가게에서 일하게 되니까 너무 좋았다. 치킨집에서 일하게 되면 밥도 해결되니 이보다 더 좋을 순 없었다. 다음날 일어나서 학교에 갔다. 도착하니 바로 수업이 시작되었다. 이론 수업을 위주로 했는데, 그날은 자세를 교정하고 걷는 수업을 했다. 수업이 끝나고 혼자서 연습실에 남아서 계속 연습했다. 연습이 끝나고 고시텔에 가서 씻고 준비하고 치킨집 아르바이트를 하러 갔다. 치킨집에 도착하고 일단 먼저 서빙을 하기로 했다. 사장님이 어떻게 하는지 알려주는 짧은 견습이 끝난 후 본격적으로 시작하게 되었다. 첫 손님이 왔다. 그런데 너무 떨려서 인사를 하지 못했다. 사장님께서는 내 실수를 보고 처음이니 그냥 넘어갔다. 손님은 어떤 것을 먹어야 할지 고민하다 나에게 물어봤다.

"혹시 어떤 치킨이 제일 많이 나가요?"

"대부분 손님은 양념치킨을 선호합니다."

그러자 손님이 바로 양념치킨을 주문했다. 그렇게 주문을 받고 15분이 되었을 때였다, 손님이 많이 몰리기 시작했다. '이제부터 전쟁이구나.' 생각하며 열심히 일하기 시작했다. 정말 바빠져서 사장님도 예민하고 나도 예민했다. 거기다 날씨도 너무 더워서 땀은 물줄기처럼 나와 옷이 다 젖을 정도였다. 4시간 정도는 정말 미치도록 움직였다. 저녁 11시가 지나갈 때 손님이 점점 빠지고 손님이 먹은 자리를 청소했다. 얼마 후 사장님이 고생했다고 치킨이랑 밥을 식탁에 놓으시더니 같이 먹자고 말했다. 너무 배가 고파서 치킨을 허겁지겁 먹는 도중에 사장님이 물어봤다.

"너는 어디 지방 사람이야? 말투가 서울 말투는 아닌 것 같은데."
"청주에서 왔습니다."

그러자 사장님이 대견하다는 눈빛으로 나를 보며 말했다.

"정말? 대단하다. 서울에는 뭐 때문에 온 거야?"
"모델이 되고 싶어서 서울로 상경했습니다."
"멋지구나. 스무 살에 혼자 서울에 와서 모델 준비도 하면서 아르바이트도 하고. 정말 열심히 사네."

이런 이야기를 들으니 많은 생각이 들었다. 주변에서 열심히 산다고 이야기는 하는데 왜 성과가 없을까? 몇 년이 흘러도 변함은 없었다. 답답하고 막막했다. 대부분의 사람들도 비슷할 것이다. 세상에 잘되는 일은 많이 없으니까. 당신이 열심히 사는데 결과가 나오지 않는 이유는 무엇일까? 이들은 자기가 무엇을 해야 할지 우선순위가 없다. 말 그대로 잡히는 대로 일을 하는 것이다. 내가 직장을 예로 들어서 설명하겠다. 오늘 하루 출근했을 때 직장 상사가 A와 B의 직원에게 오늘 안에 완료할 5가지의 일을 주었다. A와 B의 직원은 알겠다고 하고 본격적으로 어떻게 할지 생각한다. 일단 A 직원은 5가지의 일을 어떻게 완료해야 할지 고민한다. 오전과 오후의 시간대를 생각하고 20분 정도 계획을 짠다. 그렇게 계획이 전부 구성이 되면 바로 일을 시작한다. B 직원도 마찬가지로 어떻게 완료해야 할지 고민한다. 20분 정도 지날 때쯤이 되자 B 직원은 일단 열심히 하는 것이 '답'이라고 생각하고 일을 시작한다. 일이 거의 끝났을 때, A와 B 직원의 결과는 어떻게 되었을까? 당연히 A 직원이 5가지 일의 임무를 완료했다. A 직원이 일의 우선순위를 먼저 정하고 하니 방황하지 않고 임무를 충실하게 완료한 것이다. 반면 B는 어떻게 되었을까? 결과는 당연하다. 일의 우선순위를 정하지 않았기에 일을 끝내지 못했다. B 직원은 무작정 열심히 한다. 물론 열심히 하는 것은 좋은 일이지만, B 직원은 계획을 세우지 않았기 때문에 하루의 일을 완료하지 못한 것이다.

인생도 마찬가지다. 열심히 사는데 성과가 없다면 일의 우선순위를 정하는 것이 필요하다. 이렇게 이야기해도 잘 모르겠다면 독서를 해라. 책은 성공자들이 자신의 실패와 경험을 통해 지금의 자리에 올 수 있었던 내용을 함축해서 담았다. 특히 직장인에게 더 권하고 싶다.

쉽게 말하면 회사에서 아무리 열심히 일해도 월급은 크게 달라지지 않는다. 회사 생활에 너무 적응되면 안전한 삶에 기대게 된다. 그러면서 대부분 직장 다니는 사람이 하는 말이 있다. "아. 진짜 매일 열심히 일하는데 왜 나는 변화가 없을까?" 사람마다 다르겠지만 대부분 이렇게 이야기한다. 정말 안타깝다. 차라리 그 시간에 자신의 문제점이 무엇인지 찾고 해결하는 것이 빠르다. 아직도 당신은 자신의 문제를 해결하기 어렵다고 생각하는가? 걱정할 거 없다. 내가 그 문제를 해결해줄 좋은 책을 추천해주겠다. 바로 팀 페리스의 『타이탄의 도구들』이다.

이 책을 만나기 전 여러 책을 읽었지만 큰 변화가 많이 없었다. 가끔 포기하고 싶은 생각도 많이 들었다. 그런데 우연히 친구의 소개로 이 책을 추천받았고 읽었는데 인생에서 필요한 내용이 많이 담겨 있었다. 성공, 지혜, 건강, 실패 등 내가 삶을 살면서 공감되었던 내용이 많이 담겨 있다. 이 책은 뉴욕 타임스와 아마존 베스트셀러 1위에 오르기도 했다. 다른 책도 추천하고 싶은 책이 많지만, 이 책 한 권 읽는 것이 다른 책을 여러 권 읽는 책보다 좋을 것이다. 자기계발 분야에서 최고의 책이라고 감히 말하고 싶다.

나도 과거를 생각하면 정말 열심히 살았는데 지금 돌아보면 성과가 없었다. 어떻게 보면 나의 방법이 잘못되었는지 알고 고치려고 하지 않았고 내 고집만 주장했던 것 같다. 책을 만난 것이 내 인생의 성과를 내는 데 있어 큰 도움이 되었다. 당신도 열심히 사는 데 성과가 없다면 독서를 반드시 해야 한다. 열심히 살면서 성과를 내는 사람들은 대부분 독서를 한다. 방금 내가 위에서 언급했듯 추천했던 책을 꼭 읽지 않아도 된다. 사람마다 맞는 책이 있으니까. 자신을 성과를 거두는 삶속으로 걸어 들어가게 하고 싶다면 당장 독서를 하자.

04

책을 가까이한다면 좌절하거나 실패할 일은 없다

인생을 살다 보면 평소에는 아무 생각 없이 편하게 살다가 언젠가 한 번 위기를 맞이하게 되는 순간이 있다. 그 위기를 맞이한 순간에 정신을 차리고 그 문제를 해결하는 사람이 있는가 하면 어쩔 줄 몰라 하며 방황하는 사람이 있다.

1929년에 세계적으로 큰 규모의 경제 공황에 일어났던 일을 기억하는가? 바로 '대공황'이다. 쉽게 설명하면 1929년에 시작되어 1939년까지 세계적으로 일어난 경기의 하강 국면을 뜻한다. 대공황이 일어나기 전, 1

차 세계대전 이후 세계는 평화로워지기 시작했다. 생산성의 혁신부터 이루어지기 시작해 전기가 보급되고 철도가 깔리기 시작하며 산업도 성장하기 시작했다. 제조업도 성장하며 풍부한 일자리를 바탕으로 부를 이룬 중산층들도 많았던 시기다. 사람들은 경제적 성공과 성장의 편함을 느꼈다. 이 당시 누군가 대출을 받고 사업을 하거나, 자산에 투자할 때 그에 걸맞게 결과를 가져오고 수익을 가져가니 다른 사람이 관심을 가지기 시작했다. 점차 사람들이 대출을 받기 시작했고 사업과 투자로 뛰어들기 시작했다. 주식으로 비유하면 올라가는 주가에 관심을 가지기 시작하는 셈이다. 그러다 1929년에 대공황이 오기 시작했다. 원인은 미국 경제 불황으로 부도가 나서 쓰러진 은행이 5000개가 넘어갔기 때문이다. 회사도 많이 쓰러졌다. 그리하여 2500만 명이 일자리를 잃고 거리로 내몰리게 되었다. 상점과 창고에는 물품이 쌓여 있었는데도 실업자들은 돈이 없어 굶주려야 했다.

미국 경제 불황은 점차 전 세계적으로 뻗어 나가기 시작했고 미국에서 자금을 받던 나라들은 물품이 줄어들기 시작하자, 불경기가 찾아왔다. 생산된 농산물을 불태우는 나라도 있었고 미국의 농장 주인들 또한 오렌지 값이 폭락하자 땅에 묻거나 불태우기 시작했다. 이 위기의 순간이 왔을 때 극복하고 이겨낼 방법을 낸 사람이 있다. 바로 미국의 제32대 대통령인 '프랭클린 루스벨트'라는 사람이다. 민주당 출신으로 미국 역사상

유일무이한 4선 대통령이다. 대통령으로 취임했을 때 대공황을 극복하기 위해 '뉴딜정책'을 추진했다. 이 정책을 잘 이용하여 긴급은행법, 농업조정법, 국가산업 회생법을 제정하였다. 그 후에 1935년부터 경기가 조금씩 좋아지면서 1941년에 미국의 경제는 회복하기 시작해 실업자도 줄기 시작했다. 프랭클린 루스벨트 대통령이 항상 굳게 믿고 강조하는 말이 있다.

"우리가 진정으로 두려워해야 하는 것은 두려움 그 자체이다. 두려움은 말도 안 되고, 생각도 없으며, 아주 불합리한 것이다. 이것은 우리가 앞으로 나아가야 할 힘을 후퇴하도록 마비시키는 주범이다."

이렇듯 대부분 사람은 어떤 일을 시도했을 때 실패하면 좌절하고 끝을 내는 경향이 있다. 어떤 일을 시작하기 전에도 그 일이 어렵다고 느끼면서 두려움을 갖는 사람도 많다. 만약 지금 이 책을 읽고 있는 사람 중에 지금까지 살면서 실패하거나 좌절했던 경험이 있는가? 아니면 처음 하는 일을 시작하기에 앞서 두려움이 있는가? 만약 당신이 이런 생각이 조금이라도 내면에 있다면 자신이 성장하는데 마이너스 요소가 될 것이다. 살다 보면 실패하고 좌절할 수 있다. 나도 과거에 실패도 많이 하고 좌절도 셀 수 없을 정도로 많이 했다. 이럴 때마다 항상 내 옆에서 든든한 버팀목이 되어주는 친구가 있었다. 바로 책이다. 내가 실패하고 좌절했을 때 그 이유에 대해서 명확하게 알려줬다. 어떤 사람은 이런 생각을 할 수 있다. '책을 읽으면 정말 실패와 좌절을 해결할 수 있을까.'라고 말이다. 그렇다면 왜 책을 읽어야 하는지 그 이유를 나의 과거에 대입해서 말하겠다.

2013년 고등학교 2학년 당시 잠깐 연예인을 꿈꿨던 적이 있었다. 연예인들이 어떻게 성공했는지에 관심이 생겨서 자료를 찾기 시작했다. 그러다 너무 피곤해서 머리를 식힐 겸 TV를 틀었는데 〈힐링캠프〉라는 예능이 나왔다. 처음에는 넘기려고 했다가 내가 좋아했던 배우 이준기가 나오니 재미있을 것 같아서 보기 시작했다. 10분 정도가 지났을 때 이준기가 어떻게 해서 배우에 입문하게 되었는지에 대한 이야기가 나왔다. 내가 연예인이 꿈이라서 그런지 그 이야기에 대해 공감이 갔다. 그래서 프로그램이 끝날 때까지 귀를 쫑긋 세우고 집중적으로 듣기 시작했다. 이준기의 원래 꿈은 프로게이머였지만 고등학교 시절 친구와 함께 〈햄릿〉이라는 연극을 보고, 그 매력에 빠져 꿈을 배우로 전향했다고 한다. 그렇게 배우의 꿈을 안고 무작정 서울로 상경해서 당구장, 호프집 등 각종 아르바이트를 병행하며 오디션을 봤지만 다 떨어졌다. 그 힘든 환경에서 실패하고 좌절한 적도 많았지만 포기하지 않고 도전했다. 그러자 광고부터 시작해 얼굴을 알리기 시작하다 이준기의 인생이 바뀌기 시작한 시점이 있다. 바로 〈왕의 남자〉라는 영화다. 주인공 오디션 경쟁률은

2000~3000대 1에 달했다. 그는 3번의 오디션에 걸쳐서 남들과 차별화하기 위해 엄청난 노력을 했다고 한다. 그 결과 '공길'역으로 캐스팅이 됐고 영화는 천만 관객을 돌파하며 이름을 알렸다.

나는 이 프로그램을 보고 많은 생각이 들었다. 그가 지금의 자리에 오기까지 포기하지 않고 꾸준하게 노력한 것은 알았다. 그런데 실패하고 힘들었을 때 어떻게 극복했는지에 대한 이야기가 많이 없었다. TV나 유튜브에서 보면 많은 성공한 사람들이 자신이 지금의 자리까지 올라올 수 있었던 이야기를 한다. 실패, 좌절, 꾸준함, 노력 등 성공에 관한 단어를 언급하면서 말이다. 1시간 정도 이야기를 들었을 때 말하는 내용은 좋지만 내가 얻어가는 것은 많이 없었다.

강의도 한 시간이나 많으면 두 시간이라서 너무 짧았다. 말로만 들으면 처음에는 어느 정도 기억하지만, 시간이 지나면 머릿속에서 사라진다. 대부분의 사람들은 지금 하는 일에 실패하면 어쩔 줄 모르고 당황하는 행동을 되풀이한다. 그러다 좌절하고 포기하게 된다. 이 문제를 해결할 수 있는 도구는 무엇이라고 생각하는가? 앞서 말했지만 책이다. 현재 당신이 하는 일이 안 풀려서 좌절하고 있는 사람이 있을 것이다. 이런 부류의 사람에게 내가 추천해주고 싶은 저서가 있다. 나폴레온 힐의『결국 당신은 이길 것이다』라는 책이다. 이 책의 저자 힐은 자신의 운명을 바꿀 한 남자를 만나 개인의 성공철학을 체계화해보라고 제안받았다. 힐은 그 제안을 수락했고 많은 실패와 좌절도 있었지만 포기하지 않았다. 그 결과 자신만의 성공철학을 완성 시켰다. 대부분 성공한 사람도 실패하고 좌절했을 때 이 책을 보고 많은 힘을 받았다고 한다. 나도 마찬가지로 항상 힘이 들고 포기하고 싶을 때 이 책을 펼치면서 글도 쓰고 내 생각을 정리하기도 한다. 그럼 마음이 편해지고 다시 도전할 용기를 얻는다.

지금 내가 말한 책이 아니더라도 상관없다. 현재 상황에서 필요한 책을 읽어라. 기업, 연예계, 사업, 장사 등 다양한 업종에서 일하는 사람이 있을 것이다. 항상 일이 잘 풀릴 수도 있지만 안 되는 날도 있다. 인생은 항상 순탄하게 갈 수 없으니까. 이 순간에 힘들고 좌절하고 포기하면 미래는 없다. 이 책을 읽고 있는 사람에게 한 가지를 제안하고 싶다. 출근하든 밖에 나가든 간에 책은 항상 2권 이상 소지하고 다녀라. 가끔 시간이 여유로울 때 독서를 하면서 좋은 글을 보면 긍정적인 에너지가 생긴다. 시간이 없으면 좋은 책의 제목을 보면서 항상 마음가짐을 새롭게 가져라. 이 습관이 복리처럼 계속 쌓이면 당신은 무의식적으로 책을 가까이하게 될 것이다.

우리는 살아가면서 수많은 문제를 만나게 된다. 인생을 아무 고통 없이 살 수 있으면 얼마나 좋을까? 하지만 현실은 불가능하다. 세상은 공평한 법이니까. 앞으로 살면서도 지금보다 더 힘든 역경이 찾아올 수 있다. 실패하고 좌절할 수 있지만 절대 포기하지 말자. 책을 읽고 지금 문제점이 무엇이고, 앞으로 어떻게 해결할지 그것만 생각하자. 절대 부정적인 생각을 하지 말자. 나는 책을 통해서 많은 정보를 얻어 나를 발전하게 할 것이다. 책을 가까이한다면 좌절하거나 실패하더라도 포기하지는 않을 것이다.

05

인생을 바꾸는 데 독서만 한 것이 없다

당신은 독서가 인생을 바꾼다는 말에 공감하는가? 대부분 믿지 못할 수 있지만 진짜로 바꿀 수 있다. 독서를 통해서 그 사람의 고정적인 관념을 깨버리고 생각이 바뀌기 시작한다면 그 시점부터 삶의 변화가 시작된다. 나도 책을 통해서 나의 고정적인 관념을 버리고 생각을 바꾸기 시작하면서 인생이 정말로 바뀌었으니 말이다.

그 이후로 나는 자기계발, 재테크 등의 책을 읽기 시작했다. 집에서든 회사에서든 어디 장소를 가리지 않고 책을 읽었다.

어느 날이었다. 야간 근무를 하던 날 쉬는 시간에 동네 친구한테 전화가 와서 받았다.

"여보세요. 무슨 일로 전화를 다 했어?"

"아니. 그냥 오랜만에 목소리도 듣고 싶고 어떻게 지내는지 근황이 궁금해서 전화했지. 다름이 아니고 우리 언제 한 번 날 잡아서 술이나 한 잔 마실래?"

"그래, 언제 한 번 애들끼리 시간 맞춰서 날 잡자."

동네 친구와 전화를 한 이후로 일주일 정도 지났을 때였다. 나와 동네 친구를 포함해서 4명이 같이 모여서 술자리를 가졌다. 서로서로 술을 따르고 한 잔을 마시면서 나의 근황을 이야기할 때 그 당시 내가 읽고 있던 책을 보여주며 말했다.

"얘들아, 혹시 이 책 읽어봤어?"

"어? 아직 읽어보지는 않았지만, 제목은 많이 들어 본 거 같아. 너 그 책 읽어봤어?"

"당연하지. 이 책 내용이 너무 좋아. 수강료 100만 원 이상을 줘야 할 정도로 많은 내공이 들어가 있어. 내가 장담하는데 이 책은 100만 원 정도 이상의 가치가 있을 정도로 엄청난 책이야. 너희들도 시간 나면 읽어봐."

다른 친구는 몰라서 관심 밖이었고 한 친구만 이 책을 알고 있었다. 그 친구는 학창 시절에 공부나 책에 대해 무관심했지만, 이 책은 알고 있을 정도로, 유명한 책이었다. 이 책은 내가 읽었던 책 중에 탑이라고 손꼽을 정도다. 지금도 이 책은 나의 인생을 바꿔준 인생역전의 책이라고 당당하게 말할 수 있다. 이 저자의 책을 읽으면 어떻게 이렇게 많은 노하우를 책에다 담았는지 놀랄 때가 많다.

우리는 1차, 2차, 3차를 마시고 집으로 갈 때쯤에 다른 친구가 술에 취한 상태로 나에게 말했다.

"호걸아, 너 그 책 한 권을 봐서 인생이 정말 바뀔 수 있을 것 같냐? 나도 예전에 책을 읽었는데 인생이 바뀌지는 않더라. 그냥 시간 낭비였어. 너도 책 읽는데 너무 시간 낭비하지 마. 알겠지?"

이 친구의 말을 들었을 때, 기분이 좋지 않았지만, 한편으로는 감사한 마음도 있었다. 왜냐고? 인생을 바꾸고 성장하는 과정을 겪어가고 있는 나를 부정적인 시선으로 비판해줬으니까. 누군가가 나에게 성공의 길을 가는 것에 대해 비판하고 부정적인 말을 해준다는 것은 자극을 주는 것이나 다름없다고 생각한다.

나는 이 친구 덕분에 성공에 대한 확신이 들었고 더 독해지기로 마음

먹었다. 언제든 나에게 필요한 책을 구매하고 미친 듯이 읽었다. 기대했던 것보다 수준 이하의 책도 있었지만, 다른 몇 권의 책들은 나에게 큰 힘이 되어주었다. 그중에 내가 제일 감명 깊게 읽었던 책의 문장이 있다.

"자신의 상황을 개선하겠다는 확고한 의지만 있으면 우리는 당장이라도 그것을 실행에 옮길 수 있다. 해결책은 외부에서 오는 것이 아니라, 내부에서 나온다. 우리는 자신의 개인적 세계 안에서 일어나는 모든 일에 대한 책임을 질 수 있어야 한다. 그럼으로써 우리의 관리 영역도 함께 확장된다."

이 문장은 보도 섀퍼의 『보도 섀퍼의 돈』이라는 책에서 인용했다. 그렇다. 대부분 사람은 편안하고 익숙한 삶에 머물러 있기를 원한다. 어떤 일을 시작하기 전에 두렵고, 무서워한다. 나도 과거에는 그랬다. 원래 시작이라는 것은 처음에 두려울 수 있다. 그렇지만 지금 계속 편안한 삶에 안주하고 바뀌지 않는다면 화려한 삶을 살 수 없다. 만약 당신이 직장인이라면 평생 노예처럼 일해야 하는 사실은 변함이 없다. 모든 상황은 자신이 만들어내는 것이다. 좋은 상황이든, 나쁜 상황이든 외부에서 온 것이 아니다. 지금보다 더 좋은 인생을 살고 싶다면 나의 문제점을 찾고 바꿔야 한다. 그렇다면 앞으로 어떻게 해야 할까? 당연히 책을 읽어야 한다고 말하고 싶다. 책에는 과거부터 지금까지 저자가 살았던 삶의 내용이 함축되어 담겨 있다. 우리는 그 수년간의 인생 이야기를 책을 통해서 들을 수 있다는 게 얼마나 축복받은 일인가. 뭐 이렇게 입이 아프게 떠들어도 믿지 못하거나 책을 읽어도 똑같은 인생을 사는 사람이 대부분이다. 왜 그렇다고 생각하는가?

책 내용이 부족해서? 더 많은 비법이 들어가 있지 않아서? 천만에, 절대 아니라고 본다. 똑같은 책을 읽어도 누군가는 인생을 바꾸지 못하는 이유는 책의 내용을 믿지 못하기 때문이다. 책에 나온 내용을 믿지 못하고 의심하기 때문에, 수많은 정보와 기회비용을 바람처럼 흘려보내는 것이다. 어느 분야에서든 비슷하겠지만, 인생을 바꾸기 위한 가장 중요한 요소는 열정과 확신이다. 똑같은 책을 보더라도 사람마다 다른 결과가 나올 수 있는 이유는 확신에서 비롯되는 것이다. 여러 성공에 관련된 책이나 자기계발서를 보면 대부분 하는 말이 거의 비슷하다. 그만큼 인생을 바꾸거나 성공에 있어서 중요하기 때문에 자주 언급하는 것이다. 그 수많은 책이 당신의 인생을 바꾸는 과정에 대해 모든 답을 다 알려주고 있는데도 왜 못하는가?

혹시나 당신이 이런 과정을 반복하고 있다면 계속 평범한 인생을 살아야 할 것이다. 설령 답을 알고 있다 해도 실천하지 않으면 책을 읽을 필요가 없다. 책에서 정답을 알려주면 얼마의 기간이 걸리든 간에 자신만의 확고한 신념을 가지고 실천으로 옮겨야 한다. 자신이 알고 있는 내용이 나오면 더 확신을 느끼고 자신만의 색깔로 만들어 소화해야 한다. 이과정이 꾸준하게 반복된다면 지금보다 더 멋진 인생을 살 수 있을 확률이 높아진다.

인생은 정말 쉽지 않다. 쉬웠다면 누구나 다 멋진 인생을 살 것이니까. 당신이 어떤 일을 하든 간에 환경은 중요하지 않다. 자신이 바꾸면 된다. 지금 인생이 힘들고 포기하고 싶더라도 절대 포기하지 말자. 그 생각이 들 때마다 책을 읽어라. 책은 우리 인생을 바꾸는데 윤활유 역할을 해준다. 당신은 죽을 때까지 편안한 삶에 안주하며 살 것인가? 아니면 멋진 인생을 살기 위해 나 자신을 바꾸고 발전할 것인가? 선택은 자기 하기 나름이니 관여하지 않겠다. 당신이 지금보다 더 나은 인생을 살고 싶다면 책을 읽고 끊임없이 생각하고 실천해라. 그럼 분명 지금보다 더 나은 인생을 살 수 있을 거라고 믿는다.

책에는 바른길로 안내해줄 스승들이 있다

사람들은 부자가 되고 싶고, 행복하게 사는 것을 꿈꾼다. 하지만 대부분 사람은 그 꿈을 어떻게 해야 이룰 수 있을지 잘 모른다. 어떤 식으로 방향을 잡아야 좋은 생활을 할 수 있을지 알지 못한다. 학교에서는 어떻게 해야 더 좋은 인생을 살 수 있는지 가르쳐주지 않았다. 열심히 공부해서 성적을 올리고, 좋은 대학교에 가서 좋은 직장에 취업하라고만 수도 없이 강조했다. 그 당시에는 학교에서 하는 말이 정답인 줄 알았다. 그런데 막상 살다 보면 현실은 다르다. 아무리 좋은 대학교에 나오고 좋은 회사에 취업한다고 해도 누군가 밑에서 일을 하는 것이 현실이다. 자본주의 사회에서 누군가 밑에서 일하면서 받는 돈으로는 부자가 될 수 없다. 아무리 대기업에 다닌다고 해도 마찬가지다. 누군가의 밑에서 일한다는 현실은 부정할 수 없다.

나도 직장을 다니면서 받는 월급만으로는 한계가 있어 어떻게 해야 부자가 될 수 있을지 수많은 생각을 했다. '지금 내가 직장을 다니면서 어떻게 해야 돈을 더 벌 수 있을까?'라며 매일 연구했다. 일하거나, 밥을 먹거나, 집에 가거나, 자기 전에도 매일 생각하고 연구했다. 그렇게 오랜 시간 끝에 생각하고 연구한 결과, 직장을 다니면서 돈을 버는 방법은 투자였다.

그 후로 매일 주식, 부동산, 비트코인, 사업 등에 관련된 책들을 서점에서 구매한 후에 읽기 시작했다. 하루마다 틈틈이 관련 서적을 바꾸면서 읽어 나갔지만, 어떤 투자가 좋을지에 대한 방향성을 잡지 못했다. 일단, 주식이랑 비트코인은 등락 폭이 커서 수익률 측면에서는 좋을 수 있지만, 위험성이 크다. 부동산은 안정성은 있지만, 실전 경험이 없어 두렵다. 사업은 어느 정도 돈도 있어야 해서 제외 대상이었다. 열심히 책을 읽어 나갔지만, 어떤 투자를 효율적으로 할지 방향성을 잡지 못해 한동안은 방황하고 힘들어했다. '어떻게 해야 돈을 벌 수 있을까?', '어떤 투자가 나에게 맞을까?', '투자하려면 얼마의 돈이 필요할까?' 다시 한번 생각을 했다.

어느 날이었다. 카페에서 책을 읽고 있었는데 친구에게 카톡이 왔다. 나는 책을 잠시 덮고 카톡을 확인했는데 한 권의 책표지 사진이었다. 사진을 확대해서 봤는데 그 책의 제목이 너무 끌렸다. 그 책은 이라희 저자의 『난생 처음 토지 투자』라는 책이다. 나는 당장 서점에 달려가서 그 책을 구매했다. 그리고 읽기 시작했는데 정말 내가 필요하고 원했던 책이었다. 이 책을 쓴 저자는 토지 투자를 할 때, 많은 돈이 없어도 소액으로 투자를 할 수 있다고 말했다. 토지 투자가 어렵다는 편견을 벗어나기 위함과 토지 투자를 왜 해야 할지 중점적으로 강조했다. 그리고 부자가 되기 위해서는 어떤 마음을 가지고 임해야 할지도 강조했다. 토지 투자를 소액으로 할 수 있다는 건 나에게 신선한 충격이었지만 제일 놀랐던 이유는 따로 있었다. 그 이유는 나에게 항상 부자가 되기 위해서 어떤 마음을 가지고 어떤 사람이 되어야 할지 말해준 친구가 있다. 그 친구는 나에게 책을 보내준 친구다. 핵심적으로 말하면 친구가 했던 말들이 이 책에 똑같이 담겨 있던 것이다. 정말 놀란 마음에 언제 한 번 친구를 만나서 이야기했다.

"야, 너 이 내용 한 번 읽어봐. 이 책을 쓴 저자가 전달하는 내용이 네가 했던 말이랑 다 똑같아."

그 친구는 내가 짚은 내용을 읽었는데 너무 놀란 마음에 나에게 말했다.

"정말 신기하다. 아니, 내가 말한 내용이 이 책에도 똑같이 담겨 있는 게 말이 돼? 이 사람 너무 궁금하고 만나보고 싶다."

우리는 바로 책에 쓰여 있는 카페에 가입했다. 그리고 3일 정도 지났을 때 회사에서 쉬는 시간이 되자마자 휴게실에서 쉬며 핸드폰을 보는데 모르는 번호로 전화가 와 있었다. 나는 보통 모르는 번호면 지나가는 성격인데, 그 번호는 왠지 모르게 궁금했다. 그래서 바로 전화를 걸었다. 10초 정도 되지 않아 상대방이 전화를 받았다.

"여보세요, 저한테 전화 주신 것 같아서 전화했는데 어떤 일 때문에 전화하셨어요?"

"아, 다름이 아니고 저희 카페에 가입해서 전화했습니다. 혹시 이호걸 회원님 맞으세요?"

"네! 맞습니다."

"안녕하세요. 반갑습니다. 저는 박xx 실장이라고 합니다. 저희 카페를 어떻게 해서 가입하셨나요?"

"저는 이 카페를 운영하시는 저자님의 책을 읽고 토지 투자에 대해 배우고 싶어서 가입하게 되었습니다."

그 외에 여러 대화를 나누다가 나중에 시간이 되면 내가 읽은 책의 저자님을 만나고 싶다고 말했다. 그리고 일주일 정도 지났을 때 저자님을 만날 기회가 생겼다. 일단 가기 전에 앞서 나에게 책을 추천했던 친구랑 같이 가고 싶었다. 그래서 서로 시간이 맞는지 확인했는데 우리 모두 다 쉬는 날이었다. 그렇게 우리는 저자님을 만나는 날을 기다리며 설레는 마음에 잠이 오지 않았다. 드디어 내가 읽은 책의 저자님을 만나는 날이 왔다. 우리는 책을 챙긴 후에 차를 타고 저자님의 사무실에 갔다. 도착했을 때 우리에게 전화했던 실장님이 있었고 저자님은 일이 있어 나중에 온다고 말했다. 우리는 저자님이 오기 전에 실장님과 같이 많은 대화를 나누면서 시간을 보냈다. 그리고 2시간 정도 지났을 때 저자님이 사무실에 도착했다고 전달을 받고 올라갔다. 정말 긴장되고 심장이 떨렸다. 드디어 사무실에 들어가 저자님을 봤는데 내가 생각했던 것 그 이상이었다. 내가 나중에 성공했을 때, 빨간 양복을 입는 모습을 상상했는데 저자님이 빨간 양복을 입고 있었다. 사무실 구조도 내가 성공하면 갖겠다고 구상한 사무실 모습 그대로 디자인이 잘 되어 있었다. 놀라움을 감추지 못한 채 친구랑 같이 앉아서 저자님과 대화하기 시작했는데 나는 아무 말도 하지 못했다. 그 이유는 저자님의 눈을 보면 나도 모르게 눈물이 날 것 같았기 때문이다. 잠시 후 친구의 눈에서 눈물이 뚝뚝 떨어졌다. 저자님도 그런 친구를 보자 눈망울에 눈물이 맺혔고, 옆에서 듣고 있던 실장님도 눈물을 흘렸다. 그 모습을 보자 나도 눈물이 날 것 같았지만 나까지 눈물을 흘린다면 사무실 분위기가 눈물바다가 될 것 같아서 참았다. 어느 정도 슬픈 분위기가 진정이 된 후에 저자님이 우리에게 많은 조언을 했다. "어떤 일이든 꿈꾸면 현실이 된다.", "자기계발도 많이 하고 꾸준하게 열심히 해야 한다.", "인간적이고 따뜻한 사람이 되어야 한다."라며 우리를 독려하고 응원했다.

이 당시를 생각하고 떠올리면 나에게는 잊을 수 없는 순간이다. 사람은 만나봐야 안다는 말이 맞는 것 같다. 내가 읽은 책의 저자를 만났을 때 그 책에 관련된 내용만을 토대로 말할 줄 알았는데 아니었다. 인생에 대해서도 많은 조언을 해주면서 앞으로 나아갈 방향성을 알려줬다. 책을 쓴 저자를 만나서 저자가 겪었던 경험을 바탕으로 인생에 대한 조언을 들은 것은 돈으로 바꿀 수 없는 소중한 시간이다. 이런 시간이 내가 성장하는데 윤활유가 되었다. 성공한 사람을 만나는 건 쉬운 일이 아니다. 나는 성공한 사람을 만나겠다고 간절하게 바라고 운이 잘 따라줬기 때문에 만날 수 있었다. 내 인생에 있어 책을 만나지 않았더라면 좋은 스승을 만날 수 없었을 것이다. 책을 통해서 좋은 스승을 만났고 많은 조언을 얻을 수 있었다. 나는 항상 책을 읽고 좋은 스승을 만날 수 있다는 것에 감사하다.

이 책을 읽고 있는 당신도 항상 인생에 있어 삶의 목표와 목적이 분명하지 않고 방황하고 있을 때 자신에게 필요한 책을 읽으라고 권유하고 싶다. 우리가 쉽게 만날 수 없는 사람을 책을 통해서 만날 수 있다는 게 얼마나 행운인가. 내가 감히 말하는데 책이야말로, 우리에게 좋은 스승이다. 책을 읽으면 그 책을 쓴 저자를 만나서 많은 조언도 들을 수 있는 행운도 얻게 될 것이다. 이렇게 말해도 어떤 사람은 한 귀로 듣고 한 귀로 흘리겠지만 말이다. 당신이 정말 성공하고 싶고 행복하게 살고 싶다면 책을 읽고 좋은 스승을 만나길 바란다. 그러면 분명 좋은 일이 생길 것이고, 더 발전할 것이다.

07

제대로 된 공부법은 독서였다

열심히 공부해서 대학교에 입학하고 졸업해서 원하는 일을 하는 사람이 얼마나 될까? 거의 없을 것이라고 본다. 우리는 학교에서 열심히 하라는 대로 공부하고 대학교에 들어가서 2~4년이라는 시간을 더 공부하게 된다. 그러면 여자 같은 경우는 23~24세에 졸업하지만, 남자는 다르다. 대한민국 남자라면 반드시 거쳐야 할 병역 문제가 있기 때문이다. 병역 문제를 해결하면 남자 같은 경우는 보통 24~26세에 졸업한다. 그리고 대학교를 졸업했다고 해서 취업이 보장되지도 않는다. 다른 사람과 경쟁해야 하고 취업을 하게 되면 평균 연봉이 2000만 원대 후반 정도 된다. 우리가 살면서 치열하게 공부하고 노력이라는 비용을 들였을 때 2000만 원대 후반이라면 적은 돈이라고 말하고 싶다.

　우리가 초등학교부터 시작해 대학교까지 공부한다고 했을 때, 계산하면 평균적으로 16년이라는 시간이 걸린다. 초등학교, 중학교, 고등학교에 다닐 때 부모님들은 학원, 기출문제집, 학교 운영비 등 많은 지출을 했을 것이다. 그 이유는 성적을 올려야 좋은 대학교에 입학해 좋은 회사에 취업할 수 있다는 고정관념 때문이다. 그뿐만이 아니다. 대학교에 들어가면 등록금을 내야 하는데 그 비용 또한 만만치 않다. 타지에서 대학교 생활을 하는 사람이라면 집이 필요할 것이다. 그러면 보통 월세로 살게 되는데 월세 비용도 만만치 않다. 생활비, 식비까지 포함하면 그 비용도 더욱 만만치 않다. 이 비용을 총 합산하면 1억 원이라는 비용이 넘는다. 사람마다 다를 수 있지만 내가 평균적으로 계산했을 때 이 정도 비용이 나온다. 당신은 무슨 생각이 드는가? 우리는 학창 시절부터 열심히 공부하고 많은 시간과 돈을 투자해서 좋은 대학교에 가기 위해 노력한다. 대학교를 졸업하기 위해 좋은 회사에 취업하기 위해서 경쟁한다. 그렇게 치열하게 경쟁한 끝에 좋은 직장에 들어가도 평균적인 연봉은 3000만 원대 초반에서 후반이다. 직장을 다니면서 월급이 오른다고 가정해도 크게 오르지 않는다. 아무리 좋은 직장에 들어간다고 해도 그 월급만으로는 한계가 있다. 누군가는 3000만 원대 초반에서 후반이 많다고 느껴질 수 있지만, 나는 아니라고 생각한다. 우리는 살면서 미친 듯이 공부하고 많은 시간과 비용을 투자했다. 그리고 치열한 경쟁 속에서 좋은 회사에 입사해서 받는 돈은 평균적으로 3000만 원대 초반에서 3000만 원대 후반 정도이다. 좋은 회사가 아니라면 평균적으로 받는 연봉은 이보다 더 낮다. 솔직히 말하면 많은 시간과 비용, 노력을 대비했을 때 적은 돈이다. 이 돈으로 아끼고 저축한다고 해도 집도 살 수 없을뿐더러 가정도 꾸리기 힘들다.

너무 안타까운 현실이지 않은가? 남들에게 뒤지지 않기 위해 피와 땀을 흘려서 열심히 공부하고 노력했는데 받는 월급만으로는 생활이 나아질 수 없다니 말이다. 그냥 굶어 죽지 않고 살아갈 수 있는 정도다. 이런 현실을 보면 정말 안타깝다. 학교에 다녔을 때, 선생님이나 부모님이 공부에 대해서 강조하며 했던 말이 있다.

"공부를 열심히 해서 좋은 성적을 받아야 더 잘 살 수 있고 돈을 많이 벌 수 있다."

"공부를 열심히 하지 않고 성적이 좋지 않으면 네 인생은 불행해질 것이다."

"공부가 인생에 있어 중요하고 좋은 성적을 받으면 네 인생은 풍요로울 것이다."

귀에 딱지가 붙을 정도로 지겹도록 들은 말이다. 솔직히 나는 이런 말을 들을 때 반감이 들었고 부모님과 정말 많이 싸웠다. 그 당시 중학생이었는데 부모님이 나에게 공부를 시키거나 못한다고 소리를 지르면 반항하기 시작했다. 이 당시 나는 사춘기를 넘어섰다. 질풍노도의 끝판왕이라고 표현할 정도로 말이다. 부모님이 나에게 공부를 하라고 말하면 말할수록 나는 더 엇나가기 시작했다. 공부하라고 하면 몰래 게임을 하면서 만화를 봤다. 그 정도로 나는 공부가 싫었다. 아니, 꼭 공부를 열심히 하고 좋은 성적을 받아야 잘 사는가. 성적이 우리 인생을 좌우하는가. 사람마다 생각이 다르겠지만 나는 아니라고 말하고 싶다. 물론 공부를 열심히 해서 좋은 성적을 받고 좋은 대학교에 들어가 취업한다는 것이 나쁜 것은 아니다. 하지만 이런 방식으로는 절대 부자가 될 수 없다.

솔직히 내가 만난 사람 중에 공부를 잘해서 부자가 되었다거나, 성공한 사람은 거의 없다. 왜 그렇다고 생각하는가? 부자가 된 사람들의 공통점은 독서를 하면서 많은 지혜와 영감을 얻어 자신이 하고 싶은 일에 집중했다는 것이다. 어떻게 하면 성공할 수 있을까. 어떻게 하면 일을 하지 않고 돈을 벌 수 있을까. 어떻게 해야 남들보다 더 잘 살 수 있을까. 어떻게 해야 나만의 차별화된 전략을 구성해서 돈을 벌 수 있을까. 남들이 학교에서 공부하라는 대로 공부할 때, 그들은 독서 하면서 자신만의 생각과 아이디어를 쉬지 않고 끊임없이 연구했다는 것이다.

나의 인생은 책을 만나기 전까지 최악이었다. 살면서 노력이라는 걸 제대로 해본 적이 없다. 내가 무엇을 하고 싶은지 삶의 목표와 목적, 방향성이 없었다. 매일 부정적인 생각으로 가득 차 있었다. 쓸데없는 자존심이 너무 강해서 나보다 뛰어나고 배울 점이 많은 사람도 인정하지 않았다. 매사에 화가 많고 누가 나에게 조금이라도 뭐라고 하거나 기분 나쁜 말을 하면 똑같이 싸웠다. 좋은 사람과 나쁜 사람을 구분하지 못해 사기를 당한 적도 많다. 믿는 친구에게 돈을 빌려줬는데 그 친구가 돈을 갚지 않아서 그 이후로 친구 사이가 멀어진 적도 많다. 매일 돈을 벌면 친구들이랑 술을 마시면서 놀거나 클럽에 가면서 겉멋 부리는데 돈을 많이 쓰기도 했다. 그 외에도 여러 가지 많다. 이 책을 읽는 사람 중에 나와 비슷한 사람도 있을 거라고 본다.

공부를 못했든 인생을 망나니처럼 살았든 상관없다. 어차피 지나간 일이다. 이미 후회해도 늦었다. 지금부터 잘하면 된다. 그럼 당신은 이런 질문을 던질 수도 있다.

"아니, 공부도 잘하지 못했고 인생을 너무 허비하면서 살았는데 도대체 어떻게 해야 제대로 된 삶을 살 수 있을까요?"

나는 이 질문에 이렇게 말하고 싶다. 독서를 하라고 말이다. 독서를 하면서 내가 느낀 점이 있다. 독서를 하면 우리가 학교에서 배우지 못한 조언을 많이 해준다. '성공하는 인생에 있어 공부가 인생의 전부는 아니다.', '자신이 하고 싶은 일을 해라.', '모든 일을 너무 잘하려고 하지 마라.', '남의 기준이 아닌 자신의 기준을 잡아야 한다.', '나는 성공할 수 있다는 신념과 믿음을 가지고 행동해야 한다.' 등 정말 많다. 이런 조언은 학교에서 들은 적이 없다. 그냥 공부 열심히 해서 좋은 대학교에 들어가 좋은 회사에 취업하라는 거에 중점을 뒀으니 말이다. 내가 인생을 오래 살지는 않았지만 내 인생의 큰 변환점을 준 건 독서였다. 독서를 통해서 진짜 노력이라는 것을 했고 성과를 내기 시작했다. 안 좋은 일도 긍정적으로 생각하면서 이겨냈다. 책을 통해 성공한 사람을 만나면서 많은 조언을 듣고 성장할 수 있었다.

나는 감히 말하고 싶다. 다른 사람은 독서에 대해서 어떻게 생각할지 모르겠지만 나는 인생에 있어 독서가 꼭 필요하다고 말이다. 내 삶의 희망과 원동력을 찾아주었고 진짜 꿈을 찾았기 때문이다. 지금 책을 쓰게 된 것도 독서를 시작한 덕분이다.

당신은 이 책을 읽으면서 내가 독서에 대해 지겹게 강조해서 지루할수도 있다. 하지만 그만큼 독서는 우리 삶에 있어 꼭 필요한 도구다. 진정한 삶의 활로를 열어주는 것은 책이다.

지금 이 책을 읽고 있는 독자 중에 굳이 책을 읽지 않아도 다른 공부를 해서 좋은 인생을 살 수 있다면 그렇게 해도 된다. 사람마다 자신에게 맞는 공부법이 있으니까. 선택은 당신의 몫이니 강요하지 않겠다. 하지만 당신이 정말 제대로 된 공부를 하고 싶다면 독서를 하길 바란다.

책을

읽고 난 후

좋은 일들만

일어나기

시작했다

4장

나를

성장하게 하는

8가지 독서법

01

한 분야의 책을 10권씩 읽어라

주식 투자를 시작한 지 얼마 되지 않았을 때 어떻게 해야 좋은 종목을 찾아서 투자할 수 있을지 고민이 되었다. 그래서 나는 관심 있는 종목을 찾기 위해 컴퓨터를 켜고 네이버 증시에 들어가 어떤 업종이 있는지 분석했다. 엔터테인먼트, 건강관리, 우주, 증권, 음료, 식품, 항공, 화장품, 반도체, 등 셀 수 없을 정도로 많았다. 정말 막막했다. 이렇게 많은 업종 중에 어떤 종목을 고를지 말이다. 한참 동안 고민하다가 이런 생각을 했다. '그래, 내가 자동차를 좋아하니, 자동차에 관련된 회사를 찾아볼까?' 라고 말이다.

그렇게 나는 자동차주에 관심을 가지고 여러 종목을 분석하고 보기로 했지만, 생각보다 너무 어려웠다. 일단 자동차에 관련된 낯선 용어가 많았고 어떤 원리로 자동차가 작동되는지도 너무 어려웠다. 솔직히 내가 자동차를 좋아하기만 했지, 전문적으로 관심을 가진 적도 없다. 그렇다고 자동차 관련 직종에서 일해본 적도 없다. 자동차에 대해 지식이 빠삭한 전문가를 찾아가서 배우려고 해도 현실적으로 배울 수 없는 노릇이었다. 어떻게 하면 자동차에 관련된 지식을 습득할 수 있을지 유튜브에도 검색해보고 여러 가지 방법을 시도해봤지만, 한계가 있었다.

일단 유튜브에서 자동차 관련 영상을 봤는데 너무 어려웠다. 전문가는 설명을 잘했지만 나는 처음 관련 분야에 대해서 영상으로 봐도 어려웠다.

'이게 무슨 말이지.'
'설명은 잘한 것 같은데 이건 또 무슨 말이지?'

도무지 감을 잡을 수가 없었다. 영상을 다시 돌려봐도 똑같았다. 영상을 봐도 봐도 모르니 스트레스는 점점 쌓이기만 했고 나중에는 컴퓨터를 끄게 되었다. 해당 관련 분야에 대해 영상을 봤지만 얻은 정보는 없고 머리는 아프고 정말 답답했다. 그래서 밖에 나가서 바람이나 쐬려고 하는

찰나에 친구에게 전화가 왔다.

"호걸, 나 반차 사용해서 일찍 퇴근하는데 너 오늘 쉬는 날이야?"

"당연하지. 잘 됐다. 너만 괜찮으면 내가 데리러 가줄까?"

"오! 그럼 나야 고맙지. 내가 12시 30분에 끝나는데 이 시간에 픽업 가능해?"

"그럼, 당연히 가능하지. 곧 픽업하러 갈게."

친구와의 통화가 끝난 후에 나는 차를 타고 친구가 일하는 회사 근처에 차를 세웠다. 친구가 나오자마자 친구와 나는 먼저 밥을 먹은 후에 서점에 갔다. 서점에 도착했을 때 기분이 너무 좋았다. 책을 좋아하는 친구랑 서점에 오니 기쁨이 두 배 이상일 정도로 말이다. 우리는 서로 자신이 관심 있는 분야의 책을 둘러보기로 했다. 나는 한 바퀴를 둘러보며 책을 구경하는데 마침 나에게 필요한 책을 발견했다. 그 책은 자동차 관련 종목만 위주로 자동차의 기본 원리부터 어떤 식으로 투자해야 할지 알려주는 책이었다.

나는 이 책을 펼치면서 어떤 내용이 담겨 있는지 봤는데 정말 상상 이상이었다. 자동차의 기본부터 설명해서 자동차의 전망, 미래, 수출, 작동 원리 등 내가 원하는 내용이 다 담겨 있었다. 그래서 나는 그 책 한 권을 다 읽으면 전문가가 될 수 있을 거 같은 생각에 구매했다. 그 책을 구매하고 읽기 시작했는데 페이지를 넘기면 넘길수록 내용이 어려워졌다. 답답한 마음에 친구에게 물어봤다.

"야, 나는 자동차 분야에 대해 알고 싶어서 읽었는데 어떻게 해야 이해하면서 읽을 수 있을까?"

그 친구는 한참 동안 생각하다가 나에게 말했다.

"일단은 네가 자동차 분야에 대해서 처음이다 보니 이해하지 못하는 게 당연하지. 원래 어떤 일은 하든지 간에 처음이 어려운 거야. 일단은 그 분야에 관한 책을 편하게 읽는 게 좋을 것 같아."

"응? 편하게 읽으라고? 야, 그렇게 읽으면 책 내용이 기억 속에 남겠나?"

"아니, 바보야. 네가 일단 그 분야에 대해서 모르잖아. 그 분야에 대해서 아무것도 모르는데 깊게 생각하고 읽는다고 그 분야에 대해서 알 수 있을 거 같아? 절대 아니야. 일단은 편하게 읽어. 만약 네가 다 읽으면 그 분야에 관련된 다른 사람의 책을 10권 이상 읽어. 그러면 어느 정도 전문가 수준의 지식을 갖출 수 있게 될 거야. 일단 네가 먼저 해봐. 네가 해봐야 내가 말한 의미를 알 수 있으니까."

그 친구의 말을 들은 나는 지금 자동차 관련 분야에 관련된 다른 서적들을 10권 정도 구매했다. 처음 읽을 때는 아무 느낌을 받지 못했지만 1권씩 책을 읽어 나갈 때마다 그 분야에 대해 어느 정도 알 수 있게 되었다. 10권 정도를 다 읽었을 때, 어느 정도 전문가 수준의 지식을 가지게 되었고 자동차 관련주 종목을 고르는 데 있어 어렵지 않게 됐다.

회사분석, 재무제표, 이 회사가 어떤 회사인지, 미래의 전망은 어떻게 될지 일일이 분석하고 한 종목을 투자한 결과, 내가 예상했던 수익보다 많은 수익률을 기록했다. 이 기분은 잊을 수 없다. 지금 생각하면 그 친구에게 감사할 따름이다.

나는 당신에게 묻고 싶다. 당신은 어떤 분야에 관심이 있는가? 부동산, 심리, 돈, 경제, 운동, 독서, 건강 등 여러 가지라고 본다. 그 많은 분야 중에 당신이 관심이 있는 분야면 최소 10권 이상은 읽어야 한다.

예를 들어, 당신이 어느 직종의 회사에서 일한다고 가정하자. 모든 사람이 똑같은 일을 한다고 하더라도 사람마다 일하는 스타일이 똑같을까? 절대 아니다. 사람마다 태어난 환경이 다르고 생각도 각자 다양하다. 같은 일을 하더라도 대부분 사람은 정석대로 하는 사람이 많을 것이다.

반면 눈치가 빠른 사람은 여러 사람이 일하는 모습을 관찰하고 어떤 방식으로 해야 내가 편하게 할 수 있을지 생각한다. 아무리 정석으로 하더라도 사람마다 일하는 스타일이 있다. 머리가 좋은 사람은 다른 사람들이 일하는 스타일을 관찰하고 자신에게 어떤 스타일이 맞을지 종합적으로 대입하고 구분해서 자신만의 일하는 스타일을 찾는다.

한 분야의 책을 10권 이상 읽는 것도 이와 비슷한 원리다. 당신이 관심 있는 분야에 전문가가 되고 싶다면 1권의 책으로는 부족하다. 만약 당신이 관심 있는 분야를 1권의 책으로만 읽는다면 위험한 행동이다. 자신이 원하는 분야의 1권으로 읽고 끝내고 다 아는 것처럼 행동하면 아마추어에 불과하다. 한 특정 분야의 전문가가 쓴 책들을 보면 내용은 비슷하게 이야기하더라도 사람마다 생각과 가치관이 다르다. 사람마다 개개인의 성향이 있고 생각하는 방향성이 다르기 때문이다.

만약 당신이 특정 분야에 대해 최소 10권 이상의 책을 읽는다면 어떤 점이 좋을까? 첫째, 자신이 공부한 분야에 대해 남들에게 설명할 수 있는 능력이 생긴다. 둘째, 같은 분야의 전문가들이 이야기할 때 옳고 그름을 판단할 수 있는 능력이 생긴다. 그 이후에 더 많은 책을 읽기 시작한다면 지식은 더 풍부해질 것이고 옳고 그름을 더 명확하게 분별할 수 있는 능력이 생길 것이다.

우리는 태어났을 때부터 완벽하지 않다. 어떤 일을 해도 처음부터 완벽하게 잘할 수 없다. 사람은 누구나 실수하기 마련이니까. 우리는 같은 실수를 반복하지 않기 위해 자신이 하는 분야에 있어 공부해야 한다. 따라서 알고자 하는 분야의 책 1권만으로 끝나면 안 된다. 최소 10권 이상은 사서 읽어야 한다. 여러 책의 강점들만을 모아서 나의 색깔로 소화해야 한다. 그러면 나도 모르게 그 분야의 전문가가 되어 있을 것이라고 본다.

빨리 읽는 것보다 제대로 읽어라

왜 책을 읽는 사람들은 대부분 빨리 읽고 많이 읽는 것에 집착할까? 현대인들은 대부분 일을 하며 시간에 쫓기며 산다. 일이 끝나면 너무 피곤하니 책을 볼 때, 최대한 빨리 읽고 많이 읽는 데 집착한다. 어떻게 보면 책을 많이 읽어야 독서 했다고 생각하는 사람이 많은 것 같다. 이렇게 빨리 읽고 많이 읽기만 한다면 무엇을 얻을 수 있을까?

내 동생이 집에서 공부할 때 일이다. 동생은 요즘 코로나19 때문에 학교에서 수업을 듣지 못한다. 보통 온라인으로 강의를 듣는다. 코로나19

전까지는 오프라인 강의로 들었는데 말이다. 내 동생의 전공은 컴퓨터 공학이다. 컴퓨터 공학은 IT와 정보통신 기술을 기반으로 정보화 시대를 이끄는 첨단 분야이다. 앞으로 미래에 비전이 있는 분야라고 생각한다. 대신 그만큼 공부도 정말 열심히 해야 한다.

한 번은 이런 일이 있었다. 내가 동생에게 할 말이 있어 동생을 불렀는데 아무 말이 없었다. 다시 물어봤는데, 또 대답이 없었다. 너무 답답해서 직접 방에 들어가서 "야! 사람이 말하는데, 왜 대답이 없어."라고 말했다. 그러자 동생이 "지금 공부에 집중하다 보니 잘 듣지 못했어, 미안해."라고 말했다. 동생은 한 가지에 집중하면 누구의 말도 들리지 않을 정도로 열심히 한다. 동생이 대학생이다 보니 가끔 학교에서 과제를 내줄 때가 있다. 이런 날은 하루 종일 책상에 앉아서 노트북과 시간을 보낸다. 과제 마감 시간이 다가오면 영상을 빠른 속도로 재생하고, 책을 읽을 때는 빠른 속도로 읽는다. 그리고 일주일이 지났을 때, 내가 동생한테 물어봤다. "너 과제 때문에 책도 읽고, 영상도 보면서 기억에 남아?"라고 말하자 동생이 말했다. "책도 읽고, 영상도 봤는데 바빠서 빨리 읽는 것에 집중하다 보니, 기억에 잘 남지 않아."라고 말한다.

자기 분야에 대한 과제를 작성하는 것은 정말 쉬운 일이 아니다. 특히, 동생이 배우고 있는 컴퓨터 분야는 프로그래밍, 서버, 컴퓨터 보안, 데이

터베이스 등 정말 수도 없이 배울 게 많다. 가끔 동생이 과제를 하는 날이 오면 그 전부터 컴퓨터와 관련된 참고도서를 읽는다. 마감 날짜는 정해져 있고, 그 많은 책을 읽고 과제를 하는 것은 정말 쉬운 일이 아닐 것이다. 다른 것도 할 일이 많은데, 읽어야 할 내용도 정말 복잡할 정도로 많으니, 자연스럽게 빨리 읽게 된다.

개인적으로 빨리 읽는 것을 반대하는 것은 아니다. 책을 빨리 읽으면 보고 싶은 책을 한 권이라도 더 읽을 수 있고 필요한 정보를 습득해서 자신의 것으로 활용할 수 있다.

하지만 단순히 그냥 빨리 읽는 것에만 집중하면 의미가 없다. 엄청난 속도로 책 한 권을 다 읽었다고 해도 머릿속에 남는 내용이 하나도 없다면 안 읽는 것보다 못하다.

예전에 몸이 말랐을 때 운동을 시작한 적이 있다. 처음에 운동을 어떻게 할지 몰라서 헬스트레이너 선생님에게 운동하는 방법을 알려달라고 했는데 바쁘다고 했다. 그래서 나 혼자서 처음에 준비 운동을 하고 운동을 시작했다. 근력부터, 하체, 유산소 운동 등 하루에 여러 가지 운동을 했다. 그렇게 매일 한 달에서 두 달 정도 운동을 했는데 몸에 변화가 없었다. 나중에 알고 보니 운동을 너무 한 번에 몰아서 했던 게 문제였다. 만약 오늘 하체를 한다면 하체만 집중적으로 운동하고, 근력 운동이면 근력을 제대로 운동해야 했다. 나중에는 수강료를 내고 헬스트레이너에게 PT를 받아 운동하게 되었다. 처음에는 준비 운동을 제대로 하고, 하체를 하는 날이면 하체, 근력 운동을 하는 날은 제대로 근력 운동만 했다. 운동이 끝나면 항상 근육을 풀어주는 운동으로 끝냈다. 한 번에 다 하려고 하는 것보다 한 부위를 해도 제대로 운동을 하는 것이었다. 이렇게 매일 제대로 꾸준하게 하다 보니 62kg이었던 몸이 석 달 만에 73kg가 되었다.

독서 할 때도 마찬가지다. 독서 할 때, 준비와 마무리 과정이 좋지 않다면 결과는 안 봐도 비디오다. 책을 빨리 읽는 것에만 중점으로 두면 시간만 잡아먹는다. 책을 읽을 때도 운동을 하는 과정처럼 생각하고 읽어야 더 많은 것을 얻고 배울 수 있다.

책을 제대로 읽고 책의 내용을 내 것으로 만들려고 한다면 책 읽는 속도는 느릴 수밖에 없다. 처음 책을 읽는 데 속도가 느리면 답답하고 재미가 없을 수 있다. 이 부분에 대해 공감이 가고 이해한다. 오랜 시간 동안 책을 읽다 보면 기억에 남지 않고 바람처럼 스쳐 가기 마련이다. 다시 읽으려고 해도 내용 연결도 되지 않고 지루한 느낌이 들기도 한다. 물론 제대로 읽는 것도 중요하지만 일부러 시간을 끄적대며 읽는다면 그건 더 의미가 없다. 이런 사람은 시간 낭비다. 자칫하다가 중간에 책을 덮게 된다. 처음부터 잘하는 일이 어디 있겠는가. 익숙하지 않은 습관을 처음부터 길들일 수 없다.

처음부터 제대로 속도를 내서 빨리 읽으라고 말하고 싶지 않다. 억지로 하면 반감이 든다.

회사에서 쉬는 시간에 자기계발서를 읽었을 때였다. 매일 주야간으로 12시간을 일하는데, 일이 끝나면 피곤해서 집에서 책을 읽지 못하는 경우가 많다. 그래서 보통 쉬는 날 이외에는 회사에서 책을 읽는다. 쉬는 시간이 보통 오전과 오후에 20분씩 주어진다. 쉬는 시간이 되면 가방에 있는 책을 꺼내서 읽었다. 처음에는 천천히 제대로 집중해서 읽었는데, 어느 순간 쉬는 시간이 끝났다. 페이지도 10페이지 정도 읽었던 것 같다. 회사에서 20분이라는 달콤한 휴식시간은 정말 쥐도 새도 모르게 빨리 지나간다. 책을 많이 읽지 못한 것에 아쉬움이 너무 컸다. 다음 쉬는 시간에는 책 내용을 많이 읽지 못했으니 빠르게 읽는 것에 초점을 두었다. 매일 한 달 동안 이렇게 읽었는데 나중에 기억이 남는 내용이 없었다. 지금 생각하면 책을 제대로 읽는 것보다 한 권이라도 빨리 읽어 마무리해야 한다는 생각이 많았던 것 같다.

다시 책을 읽을 때, 시간에 구애받지 않고 제대로 읽는 것에 집중했다. 이때, 읽었던 책은 돈에 관련된 책이었다. 투자하거나 인생을 사는 데 있어서 필요한 돈에 대해 알고 싶어서 읽게 되었다. 처음에 읽을 때, 내가 모르는 내용이 많아서 머리도 아프고 진도도 잘나가지 않았다. 내가 워낙 관심이 있는 분야라서 재미있게 읽었다. 두 번째, 세 번째, 네 번째 책을 읽을 때도 진도가 잘나가지 않은 건 비슷했다. 내가 이해하기 시작하면서 속도가 붙었던 것은 다섯 번째 책을 읽었을 때였다. 앞서 네 권의 책을 읽으면서 어느 정도 지식이 쌓였고, 그렇게 쌓인 지식이 돈을 이해하는 데 있어 큰 도움이 되었다. 책을 제대로 읽으면서 읽는 속도가 빨라지고, 내용이 머릿속에 잘 들어오니 재미있었다. 돈에 관한 내용을 이해하고, 부동산에 관한 책을 읽은 적이 있었다. 처음 보는 내용이 나오면 읽는 속도는 다시 느려지기 마련이다, 하지만 돈에 대한 지식이 있다 보니 어느 정도 부동산에 대해 이해할 수 있었고, 책을 읽는 속도는 나도 모르게 빨라졌다.

예를 들어서 아무런 배경 지식이 없이 낯선 분야의 관련된 책을 본다면 많은 시간이 걸릴 수밖에 없다. 용어도 낯설기도 하고 복잡하고 많이 어려울 수 있다. 상황에 따라 독서 하는 법도 달라서 집중도 되지 않는다. 만약 당신이 호기심 가는 주제의 내용을 읽더라도 이는 마찬가지다. 배경 지식이 없다면 내용을 이해하는 건 불가능하다. 몇 권의 책을 읽는 동안 자신이 읽는 분야에 대한 배경 지식이 쌓일수록 책을 읽는 속도는 자연스럽게 빨라질 것이다.

평소 책을 읽는 사람들이라면 먼저 책을 빨리 읽는 것보다 제대로 읽는 것에 중점을 두자. 분야별로 다양한 책을 읽어가면 풍부한 배경 지식이 쌓이고, 이러한 배경 지식이 윤활유 역할을 한다. 그러면 언젠가 나도 모르게 빨리 읽게 되는 날이 올 것이다.

03

처음부터 끝까지 읽어야 한다는 고정관념은 버려라

나와 자주 만나 미래에 대해서 이야기하는 한 친구가 있다. 어느 날, 그 친구가 스트레스를 받았던 모양이다. 나는 왜 스트레스를 받았는지 친구에게 물어봤다. 그 친구는 예전에 좋아하는 책이 있어서 구매했는데 언제까지 읽어야 하는지 막막하다고 이야기했다. 나는 친구에게 책을 구매하고 전부 읽을 때, 다 기억이 나는지 물어봤다. 그 친구는 기억이 잘 나지 않는다고 말했다. 내 예상이 맞았다. 책을 읽는 사람들은 책을 읽으면 대부분 기억이 나지 않는다고 말한다. 그런데도 굳이 왜 골머리를 앓아가며 책을 읽으려고 할까?

그 친구 말고 책을 처음부터 끝까지 읽는 내 주변 사람들에게 물어봤다. "책을 다 읽으면 기억에 남아요?"라고 물어보면 대부분 이렇게 대답한다. "돈을 써서 책을 구매했기 때문에 당연히 읽어야지.", "원래 책은 처음부터 끝까지 읽는 게 당연한 거 아닌가." 개인적인 내 생각에는 많은 사람들이 학창 시절부터 책 읽기에 대한 강박관념이 있는 것 같다. 내가 말하는 강박관념은 책을 처음부터 끝까지 전부 읽어야 하는 것을 말한다. 잘 생각해보자. 우리는 어떤 방법으로 책을 읽어야 하는지 배운 적이 있는가. 보통 학교에서 교과서를 보면 처음부터 끝까지 자세하게 보기만 하라고 했다.

나도 예전에는 책을 처음부터 끝까지 읽어야 한다고 생각했던 사람이다. 내가 2020년 11월부터 책을 읽었을 때, 열정이 불타올랐다. 처음 책을 읽었을 때, 정말 처음부터 미친 듯이 몰입해서 4일 만에 한 권을 읽었다. 한 권을 다 읽었을 때. 그 기분을 말로 표현할 수 없었다. 그 기세로 3일에 한 권, 2일에 한 권씩 매일 꾸준하게 읽었다. 다 읽을 때마다, 기분이 좋았고 하루하루가 뿌듯했다. 책을 읽기 시작한 지 석 달이 되는 날이었다. 내가 여태까지 읽었던 책 중에 기억이 나는 책이 있는지 궁금해졌다. 그래서 내 책장에 가서 당시 책을 읽었던 날을 떠올리며 기억하는 시간을 가졌다. 정말 생각하면 생각할수록 놀라웠다. 내가 3개월간 열심히 읽었다는 사실이 감격스럽고 감동적이었다. 이 많은 책이 나와 함께하며 시간을 보낸 것이 너무 기쁘기도 했다. 그런데 이렇게 많은 책 중에 내용이 기억나는 책이 드물다는 생각도 들었다. 처음 읽은 책과 최근에 읽었던 책을 제외하고는 기억이 희미했다. 정말 충격이었다. 3개월 동안 50권 가까이 되는 책을 읽었는데도 불구하고, 그중 기억이 나는 책이 드물었다.

여태까지 내가 책을 읽은 3개월 동안 무엇을 했나 싶었다. 물론 읽었던 책 중에 다는 아니더라도 어느 정도는 기억이 남는다. 이 당시 나는 돈에 관심이 많을 때여서 돈에 연관된 내용이 있는 책이라면 가리지 않고 읽었었다. 그 이외의 나머지 책의 내용은 기억이 흐릿했다. 바람처럼 날아간 것 같은 기분이었다.

3개월이라는 시간을 생각할 때 누구는 짧거나 길게 느껴질 수 있다. 나에게는 3개월이라는 시간이 너무 길고 소중한 시간이었다. 이 시간에 많이 얻은 것이 없어서 너무 화가 났다. 만약 타임머신이 존재하면 바로 3개월 전으로 돌아갈 수만 있다면 당장이라도 돌아가고 싶다. 그런데 현실은 불가능하다.

시간은 한 번 지나가면 다시 돌아오지 않는다. 그 누구에게나 시간은 공평하다. 온갖 생각이 너무 들어서 집에서 한참 동안 생각했다. 그러다 문득 이런 생각이 들었다. 시간이 계속 지나면 기억이라는 것은 사라지게 된다.

이렇게 3개월 동안 책을 읽어도 당연히 다 기억할 수 없다. 속담 중에 이런 말이 있다. "세 살 버릇 여든까지 간다." 어릴 때부터 잘못된 습관을 고치지 않으면 그 버릇은 어른이 되었을 때, 고치기 힘들다. 나는 처음부터 끝까지 읽어야겠다는 고정관념이 나쁜 습관인 것 같아서 고치겠다고 마음먹었다.

그 전에 나는 약간의 쉬는 시간을 가지고 싶었다. 내가 책을 읽기 시작하면서 영화를 한 번도 본 적이 없었다. 일하고 집에 오면 책을 보고, 쉬는 날에도 거의 책을 보면서 공부만 했다. 정말 너무 책에만 몰두한 것 같아 기분도 풀 겸 영화관에 가고 싶었다. 막상 영화관에 혼자 가려고 하니 민망해서 친구에게 같이 영화관에 가자고 말했다. 고맙게도 친구가 흔쾌히 같이 가주기로 했다. 같이 팝콘과 콜라를 구매하고 외국영화를 봤다.

내용은 대략 이렇다. 마약에 찌들어서 범죄를 일삼으며 자신의 삶이 지쳐간다. 그러다 한 사람을 만나 마약을 끊고 그 사람이랑 같이 일을 하며 마약 중독자를 치료해주는 척하다가 정부의 지원금을 받아 교묘한 일을 꾸미기로 시작한다. 내용을 다 말하자면 길어서 여기까지만 서술하겠다. 그렇게 영화가 끝이 나고 배가 고팠다. 같이 밥 먹을 곳을 찾다가 볶음밥 집이 보였다. 바로 그 가게에 들어가서 밥을 시키고 기다리는 동안 심심해서 그 친구에게 말했다.

"오늘 영화 보면서 기억나는 장면이나 내용이 많이 있어?"

"음. 다는 기억나지 않고 조금밖에 기억나지 않아."

"야, 우리 영화 본 지 몇 시간밖에 되지 않았는데 조금밖에 기억하지 못하는 게 말이 돼?"

"야. 그럼 너는 영화 본 장면이랑 내용 다 기억해?"

머리를 쥐어짜고 생각했지만 나도 다 기억하지 못했다.

대부분 사람은 다 읽고 기억하지 못한다. 내 생각에는 요즘 디지털 시대이다 보니, 애써 기억하지 않으려고 하는 것을 당연하게 생각하는 것도 있는 것 같다. 기억력이란 머리를 쓰고 끊임없는 생각을 해야 한다. 쓰지 않으면 나중에 나이가 들었을 때 건망증에 걸리기 쉽다. 내가 태어났을 때는 핸드폰이 없었고, 지금은 자동차에는 내비게이션이 없었다. 연락하고 싶은 사람이 있으면 일일이 메모장에다 전화번호를 기록해서 외우고 다니고, 아버지가 자동차를 끌고 가면 항상 길을 외우고 다녀야 했다. 요즘은 어떤가? 휴대전화기에 번호를 저장하고 연락하고 싶은 사람이 있으면 찾으면 되지, 길도 내비게이션이 전부 알려주니 얼마나 좋은 세상인가.

그뿐만 아니다. 내가 모르는 정보나 궁금한 질문이 있을 때 인터넷에 검색하면 전부 다 알려준다. 디지털 시대가 되면서 사람들의 기억력이 좋지 않다고 생각할 수 있지만 나는 아니라고 말하고 싶다. 원래 사람은 망각의 동물이라고 한다.

망각이란 전에 경험이나 학습한 것을 다시 생각해도 재생하는 능력이 일시적 또는 영속적으로 감퇴 및 상실되는 의미다. 기억의 실험 연구를 설계한 독일의 심리학자 에빙하우스의 연구에 의하면 사람은 지식을 습득하면 10분이 지났을 때, 바로 잊기 시작한다고 한다.

예를 들어 처음에 10분 정도 기억했는데 하루 뒤에 3분 정도 기억하고 있다면 그때 기억률은 33.3%라는 것이다. 한 번 기억해도 빨리 잊어버리지만, 시간이 지나면 잊어버리는 속도는 더 완만해진다. 사람의 뇌는 하루 만에 70% 정도 잊어버리도록 되어 있다. 어제 읽었던 책을 오늘 기억하지 못했다고 슬퍼할 필요가 없다.

책을 다 읽고 한 번에 기억하지 못하는 것은 당연하다. 모든 책을 처음부터 끝까지 읽을 필요는 없다고 본다. 어차피 책을 다 읽는다고 해도 기억하지 못하는데 말이다. 책을 잘 읽고 싶다면 먼저 저자의 프로필 소개부터 보자. 그 후에 목차를 보는 게 좋다. 그리고 목차에서 필요한 부분만 쏙쏙 골라서 읽어도 충분하다.

억지로 책을 다 읽으려고 하면 스트레스는 더 쌓이기만 할 뿐이다. 책을 다 읽을 필요가 없다. 현재 자신이 읽으려고 하는 책 중에 필요한 부분만 읽어도 상관없다.

04

자신의 분야에서 성공한 사람의 책을 읽어라

나는 어렸을 때부터 가난했고 아버지가 직장에서 일해도 그 돈으로 꿈 꾸는 삶을 살기에는 한계가 있었다. 우리 가족은 남들처럼 조금이나마 잘 살고 싶어서 내가 중학생이 되었을 때 엄마는 부동산 투자를 시작했 다. 엄마가 부동산 투자로 집을 몇 채 정도 사고 월세를 주기는 했지만, 큰돈이 들어온 것은 아니었다. 워낙 자금도 많이 없었고 우리 가족 생활 비로 많이 빠져나갔기 때문이다.

나는 이런 생각도 들었다. '부동산 말고 다른 방법으로는 부자가 되는 방법이 없을까?'라고 말이다. 일단 내가 돈이 없으니 돈이 많이 들어가는 사업은 할 수가 없었다. 나는 소액으로 돈을 불릴 수 있는 투자가 목적이었다. 일단은 먼저 책을 읽으면서 나에게 맞는 분야를 찾기 시작했다. 그 결과 나에게 딱 적성이 맞는 분야가 주식이었다. 주식은 소액으로도 투자할 수 있는 장점이 있었기 때문이다. 그런데 나는 주식에 대한 지식과 경험이 많이 없어서 처음부터 어떻게 해야 할지 방법을 몰랐다.

곰곰이 생각하다가 일단 유튜브에 들어가서 주식으로 성공한 사람들의 영상을 봤다. 이 사람들은 왜 주식을 시작했을까. 주식으로 어떻게 수익을 내서 부자가 되었을까. 너무 궁금했다. 주식으로 성공한 사람은 정말 다양했다. 주식의 대가 중에서는 피터 린치, 워런 버핏, 벤저민 그레이엄, 짐 로저스 등이 있다. 슈퍼개미 투자자 중에는 이정윤 세무사, 김정환, 남석관, 복재성 등이 있다. 나는 주식으로 성공한 사람을 만나고 싶었지만 현실적으로는 쉽지 않았다. 일단 주식의 대가들은 해외에 있고 이런 사람을 만나려고 하면 그 비용은 천문학적인 금액이다. 그리고 슈퍼개미 투자자들도 쉽게 만날 수 없는 위치일뿐더러 만난다고 하면 그 비용 또한 만만치 않다.

도대체 어떻게 하면 성공한 사람들을 접할 수 있을지 고민하다 갑자기 이런 생각이 떠올랐다.

'그래 내가 관심 있는 분야에서 성공한 사람을 만날 수 없다면, 차라리 그 분야에서 성공한 사람의 책을 읽자.'

나는 당장 서점에 달려가서 주식의 대가, 슈퍼개미 투자자들이 쓴 책을 구매했고 집에서 읽기 시작했다. 주식으로 성공한 사람의 책을 읽고 있는데 이 책을 쓴 저자와 대화하는 느낌이 들었다. 일단 주식으로 성공한 사람의 책을 읽고 그 내용을 대입시켜보기로 했다.

그 결과 수익률도 좋아졌고 주식 투자에 대한 나의 기준이 생겼다. 주가가 떨어질수록 추가로 매수했고, 주가가 올라가면 어느 정도 수익률을 기록했을 때 매도했다. 원래 같으면 떨어질 때 겁을 먹고 매도할 수도 있었던 상황인데 말이다. 지금 생각하면 주식으로 성공한 사람의 책을 만난 것이 내가 주식을 하는 데 있어 큰 원동력이 되었다.

지금 당신도 자신의 분야에 있어 어렵거나 안 되는 부분이 많다고 생각할 것이다. 만약 당신이 하는 분야에서 성공한 사람을 만날 수 있다면 그 사람을 만나면 된다. 하지만 그 분야에서 성공한 사람을 만나기 쉽지 않거나, 어렵게 느껴진다면 어떻게 해야 하는가? 답은 간단하다. 그 분야에서 성공한 사람의 책을 읽어라. 그 분야에서 성공한 사람의 책을 보면 당신도 성공한 사람을 만난 것이나 다름없으니 말이다.

자신이 하고 싶은 분야에서 성공한 사람의 책을 읽고 바뀌고 싶은데 어떤 책을 고를지 모르는 사람도 있을 것이다. 만약 그런 사람이 있다면 내가 관심 있는 분야를 찾았을 때의 이야기를 토대로 설명해주려고 한다.

첫 번째, 만약 당신이 아이디어나 창의력에서 부족하다고 하면 생각을 정리하는 기술을 키워야 한다. 이 분야에서 대표적으로 유명한 사람 중에 복주환이라는 사람이 있다. 복주환은 대한민국 최고의 생각 정리 컨설턴트로 유명하다. 대기업에서도 이 사람을 초청할 정도로 교육 만족도에서도 1위 강사이다. KBS, MBC, SBS 등 다수의 방송에도 출연했다. 그뿐만 아니라 유명한 크리에이터 채널인 '신사임당', '김미경 TV' 등에도 출연하며 이름을 알렸다. 복주환의 대표적인 저서로는 『생각정리스킬』, 『생각정리스피치』, 『생각정리기획력』 등이 있다.

두 번째, 만약 당신이 요식업계에서 성공하고 싶다면 요리도 잘 해야 하지만 장사하는 기술도 키워야 할 것이다. 이 분야의 대표적인 한 사람을 꼽자면 우노 다카시라가 있다. 이 사람은 요식업계에서 모르는 사람이 없을 정도로 유명하다. 공부를 못하거나, 요리를 못하거나, 말주변이 없다 하더라도 성공할 수 있다고 말한다. 이 사람을 거쳐 장사로 성공한 사람만 해도 200명 이상으로 추정된다. 우노 다카시의 대표적인 저서로는 『장사의 신』, 『장사의 신, 대박의 비책』 등이 있다.

　세 번째, 만약 당신이 성공하고 싶은데 그 방법을 모르고 방황하고 있다면 성공하기 위한 습관을 만들어야 한다. 대표적인 인물로 한 사람을 말하면 세계적인 비즈니스 컨설턴트 전문가인 브라이언 트레이시가 있다. 트레이시는 전 세계 강연을 통해서 500만 명 이상의 삶을 변화시켰다. 어떻게 해야 성공하는 삶으로 바꿀 수 있는지 핵심 원리와 키워드를 알려준다. 자신의 회사를 설립하기 전까지도 다양한 분야에서 수많은 성공한 인물을 탄생시킨 일화로도 유명하다. 브라이언 트레이시의 대표적인 저서로는 『백만불짜리 습관』, 『그냥, 닥치고 하라』, 『잠들어 있는 성공 시스템을 깨워라』 등이 있다.

　네 번째, 만약 당신이 경제에 대해 어렵고 그 방법을 모른다면 경제가 어떤 흐름인지 분석하고 파악할 줄 알아야 한다. 대표적으로 유명한 사람 중에 홍춘욱 박사가 있다. 홍춘욱 박사는 돈 공부만 거의 30년 가까이 했고 국내 최고의 이코노미스트로 불리고 있다. 최신의 데이터나 경제 흐름을 파악하는 통찰력이 그 누구보다 대단하다. 요즘 같은 코로나 및 저금리 시대에 어떤 길로 나아가야 할지 좋은 방향성을 제시해준다. 경제, 주가, 환율에 대한 분석도 처음 듣는 사람이 알기 쉽게 눈높이 교육으로 설명해준다. 부린이나 주린이에게 있어 홍춘욱 박사는 반드시 필요한 인물이라고 말하고 싶다. 대표적인 저서로는 『돈의 역사는 되풀이된다』, 『50대 사건으로 보는 돈의 역사』, 『7대 이슈로 보는 돈의 역사. 2』 등이 있다.

나는 관심 있는 분야에 있어 대표적으로 성공한 사람만 뽑아서 찾았다. 지금 내가 말한 분야 이외에도 다양한 분야도 많다. 여러 분야에서 성공한 사람도 대표적인 인물도 무수히 많다. 지금 내가 적은 예시들을 굳이 맹신할 필요가 없다.

이 예시 중에서 당신이 원하는 분야가 없을 수 있기 때문이다. 혹시라도 내가 적은 예시 중에 당신이 원하는 분야가 없거나 맞지 않는 사람이라면 당신이 맞는 분야에서 성공한 사람을 찾아도 된다. 사람마다 자신의 분야에서 맞는 사람이 있으니 말이다. 그 분야에서 성공한 사람을 찾고 그 사람의 책을 구매하고 읽으면 된다.

우리는 살면서 인생을 두 번은 살 수 없다. 만약 당신이 하는 분야에서 성공하는 삶을 살고 싶은데 어떻게 해야 할지 모른다고 해도 걱정하지말자. 왜냐고? 답은 간단하다. 우리가 하는 분야에 있어 먼저 성공한 사람을 찾는 방법이 있다. 어떻게 보면 성공의 지름길로 가는 유일한 방법이기도 하다. 우리가 하는 분야에서 있어 성공한 사람을 만날 수 있으면 정말 좋겠지만 만나지 못하더라도 크게 실망하지 마라. 나의 분야에서 성공한 사람의 책을 읽어도 그 사람을 만난 것이나 다름없다. 지금이라도 자신이 하는 분야에서 성공하고 싶다면 성공한 사람의 책을 읽어라. 그러면 분명 자신이 하는 분야에서 성공하는 인생을 살 것이다.

필요한 부분만 골라 읽는 것도 독서이다

대부분 사람은 아침에 일어나면 배가 너무 고픈데 출근해야 하거나 급한 일이 있어서 종종 밥을 먹지 못할 때가 있다. 내가 회사에 출근하면 종종 사람들에게 밥을 먹었는지 물어봤다. 그러면 10명 중 8명 정도는 밥을 먹지 않고 나온다고 말한다. 나도 아침에 일어나면 씻고 준비하고 나면 시간이 촉박해서 밥을 먹지 못하는 경우가 대부분이다. 한 번은 일주일 정도 아침을 먹지 못한 적도 있었다. 원래는 하루에 3끼를 기본적으로 먹었는데 일주일 동안 두 끼를 먹고 나니 몸에 힘이 없고 살이 빠진 느낌이 들었다. 그래서 한 번 집에 있는 전신 거울을 보면서 나의 몸을 체크

했는데 근육이 전부 빠진 것이었다. 너무 궁금한 나머지 퇴근 직후 집에 있는 체중계로 몸무게를 측정했다. 결과는 정말 충격적이었다. 한 달 전만 해도 나의 몸무게는 73kg 정도였는데 67kg이 되어 있었다. 비정상적으로 한 달에 6kg이나 빠진 셈이다.

어느 순간 계속 아침밥을 먹지 못하면 지금 몸무게보다 더 빠질 것 같다는 생각이 들었다. 바쁜 시간에도 밥을 먹을 수 있는 생각 하다가 고심 끝에 답이 나왔다. 바로 컵라면이나 컵밥을 먹는 것이었다. 시간적 측면에서 4분 안에 먹을 수 있는 것이라서 너무 좋았다. 컵라면 같은 경우는 끓는 물을 부어서 3~4분 정도 기다리다 먹으면 된다. 컵밥은 필요한 재료만 넣고 전자레인지에다 3분 정도 돌리고 꺼내서 비벼서 먹으면 된다. 정말 간편하고 편리해서 좋다. 그런데 여기서 재미있는 이야기가 있다. 책 읽기에도 라면, 컵밥을 먹는 것과 비슷한 기술이 있다는 것이다. 책을 읽을 때 시간이 부족할 때가 종종 있다. 만약 이런 상황이 오면 컵밥, 컵라면을 먹는 것처럼 독서를 할 때도 필요한 부분만 골라 읽는 방법이 있다.

2021년 4월에 일어난 일이었다. 한창 비트코인으로 떠들썩한 날이었다. 하루는 집에 있기 답답해서 카페에 가려고 밖에 나갔다. 그리고 신호를 기다리고 있었는데 옆에 사람들이 비트코인 이야기를 하고 있었다.

처음에는 '요즘 비트코인이 유행하기 시작하는가?'라고만 생각하고 넘어 갔다. 그렇게 카페에 도착하고 커피를 주문하고 자리에 앉아서 기다리고 있는데 옆에 있는 사람들의 이야기가 심상치 않았다. 귀를 쫑긋 세우고 이야기를 귀 기울여 들었는데 또 비트코인 이야기였다.

"와~ 미쳤다. 수익률이 벌써 일주일 만에 300%라니."

"와, 정말 이건 말도 안 되는 일이다."

"진짜 여기서 비트코인 조금만 더 오르면 8000만은 금방 찍겠는데?"

대부분 이야기는 이렇다. 이 당시 나도 비트코인을 하고 있었지만 시 작한 지 얼마 되지 않았다. 시장 흐름부터 비트코인이 어떤 식으로 움직 이는지 잘 모르는 상태였다. '비트코인이 도대체 무엇이길래 사람들이 열 광하지.'라고 생각했다. 계속 이런 생각만 머릿속에서 맴돌았다. 커피를 마시면서 공부를 해도 머릿속에는 비트코인 생각밖에 들지 않았다. 미칠 지경이었다. 나는 한 가지 문제에 대해서 의문이 생기거나 궁금증이 생 기면 지금 하는 일을 집중하지 못하는 성향이 있다. 지금 당장 궁금증을 해결하기 위해 카페에서 일어나 바로 서점에 갔다. 그리고 비트코인에 관련된 서적들이 있는지 계속 찾으면서 둘러봤다. 신기하게도 정말 비트 코인 관련 서적들이 다양하게 있었다. 그중 여러 책을 보면서 고심한 끝 에 한 권의 책을 구매했다. 한태봉의 『당신의 포트폴리오에 비트코인을 담아라』라는 책이다. 일단 제일 먼저 책의 목차를 폈다. 그러다 제일 끌리는 소제목을 발견했다. '자산 포트폴리오에 5%는 비트코인을 담아라' 였다. 왜 비트코인을 5%의 자산으로 담아야 하는지 하는 궁금증을 풀어줄 것 같아 해당 페이지를 찾아 먼저 읽었다. 그리고 페이지마다 꼭지별로 마지막 부분만 읽었다. 최종적으로 결론만 읽은 것이다.

결론만 읽어도 내가 알고 싶은 내용을 충분히 알 수 있었다. 왜 비트코인을 자산 포트폴리오에 5%를 담아야 하는지 알았다. 비트코인은 변동성이 큰 것이 단점이지만, 그만큼 수익률은 대단하다. 시가총액에서 1위를 차지하고 있어 투자할 때 심리적으로 덜 불안하다. 투자하지 않으면 벼락 거지가 되는 것은 시간문제다. 지금 비트코인이 포트폴리오에 없다면 나중에 후회해도 늦었다는 것이 나의 최종 결론이었다.

어느 날 '내가 미래에 부자가 되면 어떻게 써야 하지?' 하고 생각했다. 그러다 친구의 추천을 통해 사토 도미오의 『진짜 부자들의 돈 쓰는 법』이라는 책을 알게 되었다. 책 제목만 봐도 너무 끌리고 읽고 싶다는 생각이 들었다. 당장이라도 구매하고 싶었는데 품절이었다. 그래서 일단 인터넷으로 보기로 했다. 그리고 바로 읽으면서 이것저것 분석하면서 보니 어떻게 돈을 써야 현명한지 알게 되었다. 책 내용도 좋아서 더 빠져들면서 계속 집중적으로 읽었다. '한 살이라도 젊을 때 나에게 투자해야 미래가 편하구나.', '언젠가 나중에 꼭 이렇게 하겠다고 확신을 가지자.'라며 마음가짐을 다잡았다.

나는 부자가 되는 것에 대해서 아예 모르는 편은 아니었다. '부'에 관련된 책도 많이 읽고 부자들이 말하는 내용을 유튜브에서도 많이 들었다. 하루에 많으면 10개의 영상을 볼 정도로 말이다. 일주일이 지났을 때였다. 회사에서 일하고 있는데 자꾸 머릿속에서 '어떻게 돈이 나를 따라오게 하지?' 하는 생각이 떠올랐다. 머릿속에서 떠오르는 궁금증을 풀지 못하면 잠을 잘 수 없을 것 같은 기분이었다. 일이 끝나고 집에 도착해서 내가 읽었던 책을 다시 보기로 했다. 이번에는 인터넷이 아닌 책으로 보기로 했다. 책을 펴면서 목차를 꼼꼼히 살펴보기 시작했다. 목차를 보니 내가 제일 끌리는 제목이 있었다. 바로 '돈과 서로 사랑에 빠지는 마법의 말버릇을 익힌다.'에 내가 좋아하는 내용이 많았다. 그래서 내가 선택한 목차에 관련된 소제목을 전부 읽었다.

161페이지 '돈이 없어도 행복할 수 있어 하며 자신을 속여서는 안 된다.' 164페이지 '돈에 대한 감사한 마음을 표현하자.' 167페이지 '쾌락이 인생을 선순환으로 이끄는 과학적 법칙.' 170페이지 '성공하는 뇌로 바꾸는 감사하는 법.' 173페이지 '사용함으로써 돈의 고마움을 실감하자.' 177페이지 '돈에게 사랑받는 진짜 부자가 되자.' 180페이지 '돈이 나를 사랑한다고 입버릇처럼 말하라.' 이렇게 관련된 소제목을 전부 읽었다. 나는 돈이 나를 따라오게 만드는 방법에 대해서 알고 싶었다. 그래서 결론보다는 소제목을 보는 것에 중점을 뒀다.

결론, 자신이 끌리는 소제목만 골라서 읽어도 내가 원하는 내용을 충분히 가져갈 수 있다. 책을 전부 다 읽을 필요가 없다. 그렇게 다 읽으면 시간도 날리고 자신이 하고 싶은 일이 있을 때 기회비용을 놓치는 경우가 많다. 개인적으로 시간이 여유로운 사람이라면 상관없다. 내가 말하는 포인트는 책을 필요한 부분만 읽어도 충분하다는 것이다.

학생, 직장인들은 시간이 많이 없다. 자신이 지금 하는 일에 집중하다보면 책을 읽을 엄두를 내지 못한다. 이런 사람들에게 나는 말하고 싶다. "책을 처음에 시작하는 말부터 끝나는 말까지 읽을 필요는 없다."라고 말이다. 정말 필요한 부분만 골라서 읽어도 독서라 할 수 있다. 목차를 보고 자신이 필요한 부분만 중점적으로 골라서 읽어도 상관없다. 학업이나 일하는 사람들에게 이 독서법을 권장한다. 시간이 촉박하면 책을 끝까지 읽지 않아도 된다. 필요한 핵심 내용만 골라서 읽은 것도 독서를 한 것이나 다름없다.

06

한 줄을 읽어도 실천해야 제대로 된 독서다

원고를 쓰고 있는 오늘, 담배를 끊은 지 다섯 달이 되었다. 내가 담배를 피우기 시작했던 날은 2015년 11월이었다. 처음에는 한 개비부터 시작해서 다섯 개비, 열 개비로 늘리기 시작했다. 나중에 어떤 날은 한 갑에서 한 갑 반까지 피웠다. 그렇게 1년 정도 지나고 군대에 갔을 때 담배를 끊겠다고 다짐했던 적이 있다. 어차피 훈련소에서는 담배를 피울 수가 없었다. '이번에 담배를 한 번 끊어보자.'라고 생각하면서 마음을 잡았다. 그러다 2주 정도 되었을 때 내 머릿속에서는 담배밖에 생각이 나지 않았다. 정말 안 피우면 미칠 정도였다. 겉으로는 피우지 않겠다고 했어도 머릿속에 악마의 속삭임이 들리는 느낌이었다. 최대한 참으려고 노력해도 참을 수 없었다. 결국, 훈련소를 수료하고 담배를 다시 피웠다. 그 후로 담배를 끊겠다고 몇 번 마음먹은 적이 있지만 다시 피우게 되었다. 지금은 피지 않지만, 가끔 담배가 생각날 때도 있다. 그래도 참기 위해 노력한다. 만약 내가 담배를 피우게 된다면 끊겠다고 했던 나 자신과의 약속을 어기는 것과 다름없다. 앞서 말한 내용과 독서도 비슷한 원리다.

당신은 독서를 할 때 어떤 방법으로 하는가? 내용을 읽기만 하는가? 내용을 읽고 실천을 하려고 마음먹는가? 책 속에는 수많은 문장이 있다. 대부분 사람은 독서를 하면 책의 내용을 전부 실천해야겠다고 다짐하지만 잠깐뿐이다. 왜 그렇다고 생각하는가? 대부분 독자는 책을 보면 그냥 마음 편하게 읽고 덮어버린다. 책이 말하는 내용을 중요하게 생각하지 않는 경향이 있다.

책을 봤을 때 그 내용에 대해 공감만 하고 끝나는 것이다. 책은 왜 이 세상에 존재할까? 그 이유는 당신이 지금 방황하고 있고 앞으로 나아갈 문제를 해결할 수 없을 때 도움을 주려고 있는 것이다. 그 문제에 대해서 해결책을 친절하게 전부 알려주는데도 실행하려고 하지 않는 사람이 너무 많다. 이유는 간단하다.

'책에서 말하는 내용은 누구나 아는 내용이고 간단하네.'

대부분 이런 식으로 반응하기 때문이다. 이렇게 너무 간단하게 생각하고 나중으로 미룬다. 현재에 만족한 사람이라면 이 말에 해당이 되지 않는다. 그 사람은 자신만의 개인적인 생각이 있는 것이니까. 하지만 지금 변화하고 싶은 사람이라면 책에서 말하는 내용을 한 줄이라도 간단하게 생각해서는 안 된다. 책이 전달하는 문장 하나하나가 정말 중요한 말이다. 왜 중요한지 자세하게 풀어보겠다.

2021년 5월 여름날이었다. 내가 본격적인 목표를 잡고 달려온 지 벌써 6개월이 흘러간 시점이다. 목표를 잡고 시작했던 것이 엊그제 같은데 지금 생각하면 실감이 나지 않았다. '내가 너무 앞만 보고 달려온 것인가?', '시간이 빠르게 가는 느낌을 나 혼자만 느끼는 것인가?' 이런 생각이 많이 들었다. 목표를 잡고 열심히 했는데 큰 성과가 없는 느낌이 들었다. 다른 사람은 열심히 한다고 칭찬을 해줘도 나 자신은 만족하지 못했다. 책도 많이 읽고 노력도 많이 했다고 생각했는데도 말이다. 도대체 어디서부터 어떻게 잘못됐는지 가늠이 되지 않았다. 원인을 찾아보려고 해도 머릿속이 복잡하고 답답해서 쉽지 않았다.

그래서 '일단 하루만이라도 휴식을 취하고 내일부터 다시 시작하자.'라고 생각하고 마음도 정리할 겸 서점에 갔다. 서점에서 책을 둘러보다가 지금 나에게 필요했던 책을 발견했다.

롭 무어의 『레버리지』라는 책이다. 이 책을 펼치면서 저자의 소개, 목차를 보면서 분석했는데 내가 원하는 책이었다. 그래서 바로 구매하고 집에서 다시 읽었는데 현재 나의 상황에서 공감이 가는 내용이 있었다.

'모든 일에 최선을 다하면 아무 일도 못 한다.'

그렇다. 지금 생각해보면 항상 모든 일을 잘해야 한다고만 생각했고 이것은 큰 착각이었다. 이 내용을 읽었을 때 많은 생각이 들었다. '내가 모든 일에 최선을 다하겠다고 하는 것은 욕심이구나.'라며 말이다. 나는 책의 내용을 읽고 실천해보기로 했다. 만약 지금 내가 해야 할 일 중에 5가지가 있다고 한다면 중요한 일도 있고 중요하지 않은 일도 있을 것이다. 그중에 중요하지 않은 일은 미루고 중요한 일에만 집중하기로 했다. 모든 일에 최선을 다하겠다고 하면 아무 일도 하지 못한다. 이런 식으로 결론을 내렸다. 그리고 내가 계획하고 책이 알려주는 내용대로 실천하니 모든 일이 수월해지고 편해졌다.

이 책을 읽으면서 느꼈던 점을 말하고 싶다. 우리는 어떤 일을 하면 정말 열심히 하고 있고 최선을 다한다는 함정에 빠지면 안 된다. 당신이 어떤 일을 하든 한 가지라도 잘하지 못하거나 뒤처져도 속상해할 필요는 없다. 쉽게 말해서 모든 일에 최선을 다해서 잘할 필요는 없다는 말이다.

앞서 말했던 것과 같이 책을 읽고 실천해야 한다. 책을 읽고 공감한 후에 덮어버리면 독서를 했다고 할 수 없다. 책을 읽고 실천하기 위해서는 어떻게 해야 할까? 답은 책에다 중요한 내용이 있으면 밑줄을 치고 메모하는 것이라고 말하고 싶다.

예를 들어서 독자 중에 책을 깨끗하게 보는 사람과 깨끗하게 보지 않는 사람이 있다면 어떤 사람이 독서를 잘하고 있다고 생각하는가? 답은 책을 더럽게 보는 사람이다. 책의 내용을 봤을 때 중요한 내용에 밑줄을 치고 있다면 정말 잘하는 사람이다. 나중에 생각날 때 책을 다시 펼쳤는데 밑줄 친 내용의 흔적이 남아 있다면 실천하는 행동에 있어 게을리하지 않게 된다. 그리고 그 밑줄 친 내용을 실천하겠다고 메모장에 적어놓은 다음에 벽에다 붙이면 그 효과는 배가 된다.

반면, 책을 깨끗하게만 보는 사람들은 책에 밑줄이 그어져 있거나 조금이라도 더러워지는 것에 예민한 사람일 것이다. 그러나 책을 왜 깨끗하게 보려고 하는가? 책이 더러워지거나 밑줄이 많으면 불안한가? 아니면 책을 장식품으로 생각하는가? 각자 이유는 다양하겠지만 내 개인적인 생각은 책을 깨끗하게 보는 것을 권유하고 싶지 않다.

책 한 권이 세상에 나오기 위해서는 엄청나게 긴 시간이 필요하다. 책에 따라서 다를 수 있겠지만 평균적으로 원고를 집필하는 데 걸리는 시간은 몇 년 정도 걸린다. 책을 완성하기 위해서는 저자의 경험과 통찰력을 종합적으로 담아야 하고, 이를 위해 머리를 쥐어 짜내면서 생각하고 또 생각해서 작성한다. 그만큼 긴 시간이 소모되는 힘든 작업이다. 나도 이 권고를 쓰면서 원고를 집필하는 데는 엄청난 노동의 시간이 필요하다는 것을 다시 한번 느꼈다.

책 한 권에는 엄청 많은 저자의 땀과 내공이 압축되어 있다. 그런데 대부분 사람은 책을 읽는 데 걸리는 시간은 얼마 되지 않는다. 시간을 평균적으로 하루 1시간으로 잡았을 때 일주일 만에 다 읽는다고 볼 수 있다. 책 한 권을 읽기 위해 우리의 10시간 정도의 시간을 투자하면 저자가 책을 쓰기 위해 고생했던 시간을 얻을 수 있는 것이다. 투자 수익률도 계산하면 어마어마하다.

이것이 책이 가져다주는 엄청난 효과이기도 하다. 저자가 쓴 책을 한 문장이라도 밑줄을 치고 실천했을 때 좋은 결과가 나타날 것이다. 이렇게 말해도 분명 끝까지 믿지 못하는 사람도 대다수일 것이다. 물론 이해한다. 사람마다 자신에게 맞는 독서 방식이 다르니까. 선택은 당신이 하는 것이기 때문에 긴말하지 않겠다.

이제 당신이 선택해라. 한 줄을 읽어도 실천하는 독서를 할 것인가? 그냥 책을 읽기만 하고 공감한 후에 덮을 것인가? 책을 읽고 실천하기 위해서는 중요한 내용에 밑줄을 치고 메모하자. 그냥 읽기만 하는 독서는 하는 것이 아니다. 하지 않는 것보다 못하다. 지금 자신이 실천해야 할 일이 있는데 그 방법을 모르겠다면 내용을 다 읽지 않아도 좋다. 한 줄이라도 좋으니 읽고 실천해야 한다. 제발 부탁이니 책을 읽고 작은 깨달음이라도 반드시 실천에 옮기면 더 바랄 것이 없겠다.

07

속독은 나쁘다는 고정관념을 버려라

나는 책을 읽으면서 세상에 수많은 독서법이 있는 걸 알게 되었다. 책을 맨 처음부터 끝까지 읽어야 하는 것만이 아니었다. 사람마다 자신에게 맞는 독서법이 있었다. 나는 책 페이지를 펼칠 때 목차부터 펼친 다음에 괜찮은 소제목이 있으면 그 페이지를 중점적으로 본다. 한 페이지를 볼 때 핵심적인 내용만 보기도 한다. 한 페이지를 보고 넘기는 데 1.5초도 걸리지 않는다. 이 외에도 다양한 독서법이 수두룩하다.

나 역시 다양한 책을 읽으면서 나에게 맞는 독서법을 찾았다. 나에게 맞는 독서법은 속독으로 책을 읽는 것이다. 속독이란 정해진 시간 내에서 빠른 속도로 문장의 핵심 내용이나 필요한 정보를 파악하면서 읽는 방법이다. 글 속의 단어를 모두 읽는 것이 아닌 우리에게 필요한 정보만을 쏙쏙 골라서 읽는 방법이다.

우리 집에는 책이 다양하다 보니 읽어야 할 책은 많지만 하루에 주어진 시간은 24시간으로 한정되어 있어 독서할 시간이 책의 양을 따라가지 못한다. 나는 책을 읽을 때 아는 내용이 있거나 비슷한 내용이 있으면 그 부분은 이해하는 정도로만 알고 넘어간다.

그러다 핵심적으로 꼭 짚고 넘어가야 할 내용이거나, 내가 처음 보는 내용이 있으면 그 부분을 메모하면서 읽어간다. 자세하게 풀어서 말하면 '정독'은 문장의 뜻을 새기며 자세히 읽는 법이다. 구체적인 방법으로는 분석하면서 읽기, 해석하면서 읽기, 비판하면서 읽기 등이 있다.

어느 날, 내가 책을 읽고 있으면 주변에서 나를 자주 봤던 사람들은 이런 질문을 한다.

"보통이라면 책을 처음부터 정독하고 천천히 읽는데, 너는 책을 너무 빨리 읽는 거 아니야? 너의 방식대로 책을 읽으면 기억에 남기는 하니?"

이렇듯 정독하면서 천천히 읽는 것이 좋은 방법이고, 속독은 좋지 않다는 고정관념을 가진 사람들이 있다. 틀린 말은 아니지만, 정독은 좋고 속독이 나쁘다고 따질 수 있는 부분은 아니라고 본다. 책의 전체적인 내용 흐름이나 윤곽을 잡으려면 속독이 효과적인 방법이라고 말하고 싶다. 반대로 자세한 내용의 흐름을 파악하고 넘어가기 위해서는 정독이 좋은 방법이다. 어떤 식이든 상관없다. 책이 나에게 전달하려는 의도와 메시지가 무엇인지 알고 받아들일 수만 있다면 그 방법이 맞는 것이다.

정독은 모든 사람이 할 수 있는 독서법이지만, 속독은 대부분 사람이 하기에는 어렵고 복잡한 기술이다. 누구나 책을 빨리 읽고 싶다고 해서 빨리 읽을 수 없다. 책을 많이 읽고 어느 정도의 독서 스펙트럼이 쌓여야 책을 읽을 때 핵심 내용이 무엇인지 빠르게 구별할 수 있는 것이다. 나는 개인적으로 속독이 나쁜 방법이 아니라고 당당하게 말하고 싶다. 당신은 이 말에 동의하는가? 만약 아니라고 말한다면 왜 나쁜 방법이 아닌지 자세하게 설명하려고 한다.

요즘처럼 바쁜 현대 사회에서 책 읽는 시간을 확보하는 것은 대단히 어려운 일이다. 하루에 주어지는 시간은 24시간이다. 대부분 사람은 하루 24시간 중에 절반 가까이 회사에서 일하며 보낼 것이다. 나도 직장을 다니면서 쉬는 날이 아니면 책 한 권을 한 번에 읽기 어렵다. 글자 하나하나를 차례대로 읽어 나가려고 하면 눈도 피곤하고 머리도 아프다. 특히 뇌가 피곤하면 자연스럽게 잠이 오기 시작한다. 책만 들었다 하면 졸리고 잠을 더 자고 싶은 사람이 대부분이니까.

존 F. 케네디를 비롯해 루스벨트, 카터, 링컨 등 미국 역대 대통령들도 속독법을 익혀서 많은 책을 읽고 대통령직을 훌륭하게 소화했다고 한다. 세계 제일의 속독의 대가 중에 〈기네스북〉에 오른 하워드 S. 버그라는 사람이 있다. 그는 1분 동안에 1만 4,400자를 읽었다고 한다. 그는 속독 비법에 대해서 이렇게 말했다.

"글자 하나하나에 매몰되지 않고 사람의 얼굴을 한순간에 확인하거나 주변 풍경을 한순간에 인식하듯 책을 읽어야 한다."

이와 마찬가지로 우리에게도 이런 능력이 있다. 쉽게 설명하면 이렇다. 우리는 보통 친구를 만나거나, 가족을 만나려고 하면 보통 사람들이 많이 다니는 장소에서 약속을 잡을 것이다. 우리는 아무리 많은 사람이 몰려 있을지라도 한 사람을 일일이 살필 수 없다. 당신은 친구나 가족을 찾을 때 일일이 찾는가? 아니다. 우리는 친구나 가족을 찾을 때 재빨리 찾는 능력이 있다. 사실 대부분 비슷하더라도 우리가 원하는 무언가를 한순간에 알 수 있는 능력은 이미 어렸을 때부터 훈련된 능력이다. 우리 모두 이런 능력이 있다.

그런데도 대부분 사람은 독서를 할 때, 이 능력을 사용하지 않는다. 아기 때 한글을 배우는 것처럼 또박또박 읽어 나갈 뿐.

속독의 비결 중 하나가 이것이다. 문장을 또박또박 읽어 나가면 안 된다. 지금 당신이 이런 방식으로 읽고 있다면 고쳐야 할 필요성이 있다. 우리에게 주어진 시간은 한정되었고 이런 방식을 고수하면서 독서를 한다면 많은 책을 읽을 수 없다. 자신이 찾는 사람을 단번에 알아보듯, 책도 마찬가지다. 이 방식을 독서에 대입시켜 실천하려고 하는 일이 처음에 쉽지 않을 것이다.

그래도 어쩔 수 없이 해야 한다. 처음이 어려울 수 있어도 적응되면 쉽다. 책을 많이 읽기 위해 핵심 내용을 쏙쏙 뽑아내려면 이 방법을 써야 한다. 속독을 통해 다양한 책을 읽을 수 있다면 책이 당신에게 주는 도움은 극대화될 것이라고 믿는다. 이 방법은 나 같은 직장인에게 권하는 방법이다. 이 방법을 터득하면 일하는 도중에 잠시 시간을 내서 읽었을 때 책 한 권을 온전히 나의 것으로 만들 수 있을 것이다.

참고로 한 가지 추가해서 하고 싶은 말이 있다. 당신이 책을 펼쳐서 읽는 도중에 혹시라도 어려운 단어가 있거나, 종이가 낡아서 보이지 않는 흐릿한 글씨가 있거나, 내 생각과 반대되는 책이라면 굳이 읽지 않아도 된다고 말하고 싶다. 어떤 식으로든 책이 당산의 사기를 떨어지게 만든다면 차라리 읽지 않아도 된다. 나 역시 책을 읽다가 읽기 어려운 책이라고 판단이 들면 읽지 않는다. 가끔 시간 여유가 될 때 철학에 관련된 책을 읽는다. 이 책을 읽다가 어려우면 책꽂이에다 다시 꽂는다. 누군가는 이렇게 말할 수 있다.

"책 읽는 것을 중간에 포기해도 정말 괜찮아요?"

이 질문에 대해 이렇게 말하고 싶다. 물론 상관없다고 말이다. 읽기 어려운 책을 굳이 붙잡고 시간 낭비할 바엔 다른 책으로 갈아타는 게 좋다. 당신이 읽고 있는 분야의 책이 어렵다면 이해하기 쉬운 책으로 갈아타도 상관없다.

이 책을 읽는 당신에게 모든 책을 속독하라고 권유하고 싶지 않다. 자신에게 맞는 방법이 있으니 말이다. 하지만 당신이 지금보다 나은 삶을 살고 싶고 수많은 지식을 터득하고 싶다면 속독으로 책을 읽기를 추천한다. 그만큼 시간도 단축되고 짧은 시간 내에 저자가 쓴 내공을 내 것으로 만들 수 있으니 말이다. 시간은 돈으로도 살 수 없고 되돌릴 수 없다.

그만큼 시간은 우리에게 귀한 존재다. 아직도 당신이 속독으로 책을 읽는 것이 나쁘다고 생각하면 그 고정관념부터 없애야 한다. 그래야지 속독을 통해 다양한 독서를 할 수 있고 책이 주는 도움도 더 많이 터득할 수 있을 것이다.

08

사색하고 질문하고 실천하라

"배우기만 하고 생각하지 않으면 얻는 것이 없고, 생각만 하고 배우지 않으면 위태롭다."

내가 좋아하는 공자의 말이다. 우리는 학교에서 책을 읽는 것에 대해서 배운 적이 있는가? 내 생각에는 대부분 없다고 본다. 대부분은 그냥 수박 겉핥기식으로 읽고 지나가거나, 이해만 하는 정도로 넘어간다. 책을 읽는 사람 중에 그냥 읽기만 하고 지나가거나, 이해만 하는 정도로 만족하고 지나가면 지금이라도 생각을 바꿔야 한다.

사실 우리는 누구에게 단 한 번도 책 읽는 방법을 배운 적이 없을 것이다. 학창시절에 시험 기간이 다가오면 우리는 교과서를 읽고 외우고 시험을 봤다. 쉽게 말하면 시험문제를 맞히기 위해 억지로 책을 읽는 것. 이런 독서는 우리의 삶에 큰 영향을 주기 어렵다. 그냥 시간 낭비일 뿐이다. 오직 시험을 잘 보고 높은 점수만을 받으려고 하는 목적에만 치중된 책 읽기이다.

시험을 잘 보기 위해서 교과서를 읽고 외우는 행위는 질문을 요구하지 않는다. 단순 암기만 요구한다. 그냥 책을 기계처럼 읽는 노예나 다름없다. 책을 읽고 질문하지 않는데 이걸 독서라고 하겠는가? 이런 방식으로 아무리 수십 권, 수백 권의 책을 읽어도 소용없다.

나 역시 처음 책을 읽었을 때는 어떻게 읽어야 하는지를 몰랐다. 그냥 읽어가는 식이었다. 질문하면서 읽지 않고 중요한 내용이 있으면 이해하거나 공감만 하고 넘어갔을 뿐이다. 이 당시 경제, 자기계발, 철학에 관련된 책에 관심이 있어 많이 읽었었다. 장소를 가리지 않고 남들이 이상하게 봐도 신경 쓰지 않고 읽었다. 그리고 어느 정도의 시간이 지나면, 내 머릿속에는 그때까지 읽었던 책의 내용이 거의 없었다. 경제를 분석해도 잘 이해가 되지 않았고, 나 자신의 변화도 크게 느껴지지 않았다. '아 나는 책을 정말 열심히 읽었는데, 왜 똑같은 모습일까?'라는 생각이 들었다. 너무 답답한 마음에 책을 읽는 친구를 만나서 물어봤다.

"아, 정말 미치겠다. 책을 열심히 읽었는데도 왜 크게 달라지는 건 없을까?"

"너 책을 읽을 때, 그냥 읽기만 하거나, 공감만 하고 지나간 거 아니야?"

"응, 맞는 것 같아."

친구가 나의 이야기를 듣고 30초 정도 생각하다가 말했다.

"내가 볼 때 네가 책을 읽어도 아무 변화가 없었던 이유는, 읽기만 하고, 공감만 하고 넘어가서 그런 것 같아. 이런 식으로 책을 읽는 건 아무 소용이 없어. 책을 읽을 때는 전달하는 내용의 의미를 깊이 생각하고, 질문하고, 실천해야 변할 수 있는 거야. 그렇지 않으면 아무리 좋은 책이라도 너에게 큰 도움이 되지 않을 거야."

그렇다. 지금 생각해보면 문자를 보듯이 읽어가면 안 됐었다. 나는 책의 내용을 그저 받아들이면서 읽은 것이다. '아, 이건 왜 그럴까.', '아, 이 사건은 이거 때문에 일어났구나.' 이런 방식으로 읽으면서 지나가야 했었다. 그렇다면 어떤 방식으로 책을 읽어야 독서를 했다고 말할 수 있을까? 답은 책이 독자에게 전달하려는 내용에 대해 질문하고 끊임없이 생각을 해야 한다는 것이다. 그리고 그 상황을 어떻게 해결할 것인지 곰곰이 생각하고 풀어나가야 한다. 쉽게 말하면 명탐정이 사건의 실마리를 해결하기 위해 추리하고 풀어나가는 것과 비슷한 원리다.

나는 그 이후로 책을 읽을 때, 항상 질문하는 습관이 생겼다. 내가 질문하는 방식은 여러 가지인데 대략 이러하다.

첫 번째, 저자가 이 책을 쓰려고 하는 의도가 무엇일까?

두 번째, 저자가 독자에게 전하려고 하는 핵심적인 내용이 무엇인가?

세 번째, 핵심 내용에 대한 근거는 무엇이 있는가?

네 번째, 저자가 독자에게 전달하려고 하는 내용이 진실인가?

다섯 번째, 저자의 이야기 속에 숨겨진 의미는 무엇인가?

여섯 번째, 저자가 말하는 내용은 우리가 현실로 대할 때 어떠한 가치가 있는가?

위의 질문 중에 나에게 해답을 줄 수 있는 문장이라면 먼저 밑줄을 친다. 책에 밑줄을 치는 것은, 저자가 전달하고 싶은 내용을 확실하게 넘어가고 이해하기 위해 답을 찾는 과정이다. 이때 저자가 전달하려는 내용에 대해 밑줄을 치는 것만으로는 부족하다. 우리가 책을 읽는 목적 중 한 가지인 지금 나에게 어떤 문제가 발생했을 때 그 문제를 해결하는 방법도 알아야 한다.

저자가 강조하지 않는 내용 중에도 지금 나에게 필요한 핵심 내용이 있을 수 있다. 그러면 그냥 가볍게 읽고 넘어갈 게 아니라, 계속 질문하고 추리하고 답을 찾아야 한다. 현재 상황에서 해결할 수 있는 내용이 무엇인가. 새로운 내용이 어떤 게 있는가. 내 생각과 반대되는 내용이 있는가. 내 삶에 있어 도움이 되는 내용인가.

계속 질문하고 해결방안을 찾기 위해 노력해야 한다. 해결방안을 찾았으면 현실에 응용할 수 있도록 대입해야 한다. 쉽게 말하면 실천해야 한다는 말이다. 실천하지 않으면 책을 읽고, 질문하고, 답을 찾아도 아무 소용이 없다. 누구나 실천해야 하는 건 알아도 대부분 실천하지 못한다. 그만큼 실천이라는 게 쉽지 않다.

지금 앞서 말했던 것처럼, 당신이 이 방법에 대해서 응용하는 방법을 모를 수도 있다. 그래서 내가 책 한 권의 일부 내용을 인용해서 응용하는 법을 알려주려고 한다. 내가 개인적으로 좋아하는 안규호 작가의 책『더 보스』에서는 다음과 같이 말했다.

"당신은 1%의 사람이 될 것인가? 99%의 사람이 될 것인가? 선택은 당신의 몫이다. 지금의 현실을 이겨내고 싶다면 해라. 그냥 해라. 그냥 제발 좀 해라. 그냥 하다 보면 답이 나오니까 말이다. 당신이 자본주의의 포식자가 될지 아니면 먹이가 될지 말이다."

나는 이 책을 쓴 저자의 의도를 '나도 했으니 당신도 할 수 있다.'라고 해석했다. 그러면 '어떻게 해야 지금의 현실을 이겨내고 성공할 수 있을까?'라고 질문을 던졌다. 그리고 그 질문에 대해 내가 찾은 해답을 이런 식으로 생각했다.

'실패를 절대로 두려워하지 말자. 오히려 실패를 교훈으로 삼고 성장하고 발전하면 성공할 수 있을 것이다.'
'지금 편안한 삶에 안주하는 것이 더 무서운 것이다. 이런 삶은 발전이 없다.'
'처음 시도가 어려울 순 있지만, 시도하다 보면 어렵지 않다.'
'어떤 어려움이 있으면 포기하지 말고 끝까지 이겨내자. 그래야 성공할 수 있는 것이다.'

지금 위에서 생각했던 내용을 노트에다 적고 매일 실천해왔다. 종종 회사에서나, 공부할 때 스트레스를 받을 때도 있지만, 내가 생각하고 노트에 적은 내용을 보면 다시 힘이 났다. 다른 책을 읽을 때도 나만의 스타일로 해석하고 풀어서 실천하니 과거와는 비교가 되지 않을 정도로 매일 성장하는 삶을 살고 있다.

당신은 왜 책을 읽어도 제자리를 걷고 있는 삶을 살고 있는가? 그리고 왜 아무 변화가 없는지 궁금한가? 그 이유는 책만 읽고 넘어가기 때문이다. 항상 강조하지만, 책을 읽을 때 질문하고 추리하고 답을 찾아야 한다. 시험 점수를 높게 받기 위한 책 읽는 방식은 버리자. 외우는 식으로 책을 읽는다면 제자리걸음만 하게 될 뿐이다. 책의 내용을 읽을 때, 명탐정처럼 추리해야 한다. 그래야 제대로 된 독서를 했다고 말할 수 있다.

책을

읽고 난 후

좋은 일들만

일어나기

시작했다

5장

미래는 책을
얼마나 읽었느냐에
따라 달라진다

01

미래는 책을 얼마나 읽느냐에 따라 달라진다

'불광불급'이란 말이 있다. 이 말은 지금 자신이 하는 일에 있어 미치지 못하면 꿈에 이르지 못한다는 뜻이다. 모든 사람은 미래에 성공해서 화려한 삶을 누리고 싶을 것이다. 그러나 대부분 그렇게 살지 못한다. 성공해서 화려한 삶을 누리는 사람은 극소수에 불과하다.

당신은 미래를 위해 정말 열심히 살고 있다고 생각하는가? 내 생각에는 10명 중에 1~2명 정도만 이를 악물고 열심히 사는 것 같다. 그 외에 나머지 사람들은 대부분 이렇게 말한다.

"아, 나는 진짜 정말 열심히 노력했고 최선을 다했는데 왜 하는 것마다 안 될까?"

이런 말을 들었을 때, 나는 아니라고 말하고 싶다. 자신의 기준에서 스스로 열심히 했고 최선을 다했다고 생각하는 건 아무 쓸모가 없다. 다른 사람들이 볼 때 노력하는 모습이 보여야만 진짜 노력한 것이다. 그러려면 스스로 자기 자신이 열심히 노력했다고 말하는 것이 아니라, 자신의 영혼을 끌어 담을 정도로 미친 듯이 노력해야 한다.

솔직히 이렇게 노력해도 100% 성공한다고 장담할 수 없다. 하지만 이런 노력이 없으면 절대 성공할 수 없다. 그만큼 성공이 쉽지 않다.

내 주변에 한 친구가 있다. 그 친구는 평일에 회사 일이 끝나면, 남은 시간에 쿠팡을 뛴다. 그것도 모자라서 주말이 되면 쉬지 않고 배달까지 한다. 언제 한 번 그 친구와 나랑 시간대가 맞아서 서로 만났다. 너무 반가워서 어떻게 지냈는지 서로 근황을 이야기하다가 그 친구가 나에게 말했다.

"아, 요즘 피곤해 죽겠다. 잠도 많이 자봤자, 4시간 정도밖에 되지 않아. 매일 거의 일만 하니까 힘들다. 밤낮을 가리지 않고 일만 하니 몸이 상할 것 같다."

이 친구의 말을 들었을 때 당신은 어떻게 생각하는가? 열심히 사는 것은 좋은 일이다. 이 부분에서 칭찬해주고 싶고, 존경한다. 하지만 매일 이런 인생을 반복하면서 살게 되면 오히려 돈의 노예로 살 수밖에 없다. 지금의 삶에서 벗어나고 싶다면 도전도 해보고 실패도 겪어봐야 한다. 그렇지 않으면 지금 삶에서 벗어날 수 없다. 앞으로도 그럴 것이고 미래에도 변함없이 똑같을 것이다.

지금 당신은 현재의 삶을 바꾸고 싶고, 미래에는 지금보다 더 나은 삶을 살기 원하는가? 이에 대한 답은 말하지 않아도 뻔하겠지만 말이다. 미래에 멋진 삶을 살기 원한다면 책을 많이 읽어야 한다. 당신은 의아해할 수도 있다. '정말 책을 많이 읽으면 미래가 바뀔까?'라고 말이다.

우리의 시간은 돈으로도 가치를 매길 수 없다. 한 번 지나간 시간은 되돌아오지 않는다. 계속 시간이 흐르면서 30세, 40세, 50세가 되었을 때, 과거를 되돌아보며 한탄하고 후회할 것이다. 지나간 시간은 절대 되돌릴 수 없고, 후회해도 이미 늦었으니 지금이라도 시작해야 한다. 지금부터라도 책을 읽어라. 내가 감히 장담하는데 당신이 많은 책을 읽지 않는다면 당신 자신은 변화하지 않는다. 그리고 지금보다 더 나은 삶을 살 수도 없을 것이다. 과거에 나도 책을 읽지 않았던 사람 중 한 명이었다. 그런데 내가 책을 읽어야겠다고 했던 이유 중, 한 가지를 꼽는다면 소크라테스의 영향이 컸다. 100%의 비중으로 따졌을 때, 50% 이상의 비중을 차지했을 정도로 나에게 없어서는 안 될 인물이라고 말하고 싶다.

고대 그리스의 철학자 소크라테스는 이렇게 말했다.

"남의 책을 많이 읽어라. 남이 고생하여 얻은 지식을 아주 쉽게 만들 수 있고, 그것으로 자기 발전을 이룰 수 있다.

그렇다. 나는 이 말에 100% 공감한다. 앞에서도 자주 언급했었지만, 나는 남들과 똑같이 흘러가는 대로 살면서 노력이란 것을 해본 적이 없던 사람이다. 내가 말하는 노력은 그냥 열심히만 한다는 뜻이 아니다. 정말 이를 악물고 미친 듯이 해야지만, 노력이라고 말할 수 있다. 나는 지금보다 더 잘 살고 싶어서 책을 한 권씩 읽기 시작했었다. 그 후로 다양한 책을 읽었다.

장소는 구분하지 않고, 남을 신경 쓰지도 않았다. 책 한 권에는 그 사람이 살아왔던 인생 전체가 담겨 있어 다 읽는다면 그보다 더한 가치를 얻을 수 있다. 우리가 책을 쓴 성공한 사람들이 수년간 피와 땀을 흘려가면서 고생하여 얻은 지식을 책을 통해서 쉽게 얻을 수 있다는 말, 그 말은 수많은 책을 많이 읽는다면 그만큼 성공한 사람의 내공을 제한 없이 얻을 수 있다는 의미다.

나 역시 성공한 사람들의 책을 한 권씩 읽을 때마다 그 사람들의 핵심 내공을 복사해서 전부 나의 색깔로 승화시켰다. 책을 많이 읽고 실천한 결과, 주식 투자를 시작해서, 어느 정도의 수익을 실현했고 부동산 투자도 시작해 자산을 마련했다. 그뿐만이 아니다. 나는 한 번도 책을 쓴 적이 없는데 지금 책을 쓰고 있다. 정말 놀라운 건 이 모든 일을 1년 안에 이뤄냈다는 것이다. 당신이라면 사실이라고 믿겠는가, 사실이 아니라고 말하고 싶겠지만, 사실이다.

지금의 결과는 내가 모든 일을 이뤄내는 데 있어 그 해답을 찾기 위해 책을 많이 읽었기에 이룰 수 있었다. 책을 많이 읽는 만큼, 내 생각과 지식은 몰라보게 발전했다. 이것은 내가 어떻게 해야 할지, 방향성을 찾고 발품 팔고 고생해서 이뤄낸 성과다. 1년 안에 이뤄냈다고 해도 많이 부족하다. 앞으로 변화는 내가 생각하지 못했던 것보다 빨리 올 것이고, 트렌드도 우리가 생각했던 것보다 빨리 바뀔 수 있다. 그만큼 남들보다 더 알아야 하고 더 노력해야 한다. 세상에서 절대 쉽게 되는 일이 없다. 세상에는 공짜가 없고 무슨 일을 하든 뭐든지 대가가 있기 마련이다.

버크셔 해서웨이의 CEO 워런 버핏은 어떤 분야를 알아내겠다는 결심을 하면 관련 서적부터 구매해 읽기 시작한다. 책을 많이 읽기로 소문난 미국인보다 8배 이상 더 많이 읽을 정도로 말이다. 그 정도로 독서광이고, 독서를 중요하게 생각하는 사람이다. 그는 독서의 중요성에 대해 이렇게 말했다.

"당신은 결코 독서보다 좋은 방법을 찾을 수 없을 것이다."

우리는 다양한 분야에서 성공한 사람을 쉽게 접할 수도 없고 쉽게 만나지도 못한다. 현재 상황에서 만나기 힘들 수 있고, 시간 여유가 많지 않을 수 있으니 말이다. 그럴 때 필요한 게 다양한 분야에서 성공한 사람의 내공이 담긴 책을 읽는 것이다.

우리는 책을 쓴 저자들이 수년간 피와 땀을 흘려가면서 고생하여 얻은 지식을 책을 통해서 쉽게 얻을 수 있다. 어떤 분야든 간에 성공한 사람의 책을 많이 읽게 되면 생각을 하게 되고, 상상력과 사고력이 넓어진다. 성공한 사람의 책을 많이 읽을수록 그만큼 우리가 가져갈 내공은 더욱 많아질 것이다.

나 역시 항상 옆에 책이 있어 고마울 따름이다. 책이 옆에 쌓여 있고, 그 많은 책을 읽었기에, 지금의 내가 있으니까. 지금보다 더 나은 삶을 살기 위해서 책을 더 많이 읽을 것이고 항상 발전할 것이다. 사람이 성장하고 변화하는 데 있어, 한계가 없으니까. 당신이 미래에 멋진 삶을 살고 싶다면 그에 걸맞게 책을 많이 읽어야 한다. 이제는 너무 대화가 길어질 것 같아서 짧게 말하겠다. 정말 성공하고 싶으면 미친 듯이 책을 읽어라. 그리고 미친놈이라고 욕을 먹을 정도로 노력하고 실천해라. 그럼 그 노력에 대한 보상을 분명히 받을 것이다.

02

지금부터 책을 읽고 1%씩만 달라지자

나는 과거에 다혈질에다 욕을 많이 했다. 평상시에 친구랑 말을 할 때도 항상 욕을 하고 다녔다. 오죽했으면 친구가 내가 욕하는 모습을 보고 "야, 넌 왜 이렇게 입에 욕을 달고 사냐? 너 이 습관 못 고치면 나중에 사람들이 다 싫어해."라고 말할 정도였다. 이렇게 말해도 잠깐뿐이었다. 나는 다시 대화할 때 욕을 하게 되었고 그 친구는 점점 나를 피하게 됐다.

그뿐만이 아니었다. 친구랑 차를 타고 드라이브할 때 일이었다. 고속도로를 지나가고 있는데 뒤에 있는 차가 내 차 앞을 스치듯 지나갔다. 정말 위험할 뻔한 상황이라 나는 그 차를 추격해서 끝까지 따라갔다. 15분 정도 추격했지만, 그 차가 너무 빨라서 잡지 못했다. 그리고 결국 화가 나서 욕이 나왔다.

"개XX, 진짜 개념이 x도 없다."
"미친 개XX, 사람이 다칠 뻔했는데 다른 사람 생각은 안 하는 건가."
"살다가 저런 XX는 처음 본다. 나중에 진짜 잘못하면 어쩌려고 그러냐."

욕을 하는 것도 모자라 뒤끝이 너무 심해서 나를 보다 못한 친구가 참지 못해 한마디 했다.

"호걸아, 위험할 뻔한 상황이긴 해도 그냥 지나간 일이잖아. 그냥 넘어가면 안 될까?"

나는 화를 주체하지 못해 그 친구에게 큰 소리로 말했다.

"야, 다칠 뻔한 상황이었잖아. 네가 운전자의 입장이 되어봐."

그 친구는 내가 반성하는 기미가 없어 보이자 큰 소리로 말했다.

"너는 왜 이렇게 답이 없냐? 야, 넌 진짜 내 말이 말 같지가 않냐?"

친구의 말에 화를 참지 못한 나는 그 친구와 말다툼을 했다. 온갖 욕은 다 퍼부으면서 심하게 싸우다가 결국에 그 친구와 나는 서로 멀어지게 되었다. 그렇게 또 한 명의 친구를 잃었다. 그 당시에 친구가 떠나갔으면 반성을 하면서 내가 욕하는 문제점을 고쳐야 하는데 나는 오히려 반대였다. '서로 성격이 안 맞아서 그런 거지.'라며 태연하게 받아들였으니 말이다.

어떤 날은 이런 일도 있었다. 내가 일을 하다가 실수를 많이 해서 직장 상사한테 혼이 났다. 그날은 정말 누군가 한 명이라도 잘못 건드리면 화산처럼 터질 듯한 기분이었다. 그래서 퇴근 후 조금이나마 스트레스를 풀려고 피시방에 가서 축구 게임을 했다. 게임을 했는데 첫판에는 이겨서 기분이 너무 좋아서 주먹을 불끈 쥐었고 입가에 미소가 살아나기 시작했다. '앗싸, 역시 이 몸의 손만 거치면 절대 지는 일은 없지.'라며 기분이 좋아졌다. 그 기세를 몰아서 다음 판을 시작했고 연속으로 승리했다. 점점 승리할수록 기분이 좋아져서 계속 게임을 이어갔다. 그런데 점점 시간이 지날수록 패배하기 시작했다. 내 입가에 미소는 점점 일그러지기 시작했고 패배가 계속 이어질수록 감정은 나락으로 떨어졌다. 이길 때까지 게임을 해도 잘 풀리지 않아서 나도 모르게 큰소리를 쳤다.

"이런 제기랄, 아무리 그래도 저 XX 슛만 아니면 내가 이기는 건데. 내가 슛도 때리고 패스도 잘했는데 왜 안 되는 거야."

이렇게 큰 소리로 말하자 옆에서 게임 하고 있던 사람들은 나를 쳐다보기 시작했다. 나는 옆 사람들이 나를 쳐다볼 때 분위기가 심상치 않다는 것을 느꼈다. 여기서 조금이라도 실수하면 한소리 들을 거 같아 그냥 나왔다. 게임에서 지고 기분도 좋지 않아서 길을 걸으면서 쓸쓸하게 집에 들어갔다. 그리고 방에 들어가서 혼자 깊은 생각에 빠졌다.

'지금 생각해보면 별일이 아니었는데 왜 화를 냈을까?'
'욕이 좋지 않은데도 왜 본능적으로 나도 모르게 욕이 나올까?'
'도대체 어디서부터 어디가 잘못된 것인 걸까?'

매일 일할 때나 집에 누워 있으면서 계속 나의 문제점을 찾기 위해서 생각하고 고민했다. 그런데 계속 생각하고 고민해도 해답은 나오지 않았고 답답한 마음에 바람이나 쐬려고 밖에 나갔다. 혼자서 밖에 나가 사람도 구경하면서 길을 걷다가 갑자기 서점이 가고 싶어졌다. 나는 곧바로 서점에 가서 책을 구경했는데 책 한 권이 눈에 띄었다.

로버트 제누아의 『말하는 습관을 바꿔라』라는 책이었다. 이 책을 봤을 때 지금 나에게 꼭 필요하다는 생각이 들었고 곧바로 책을 펼쳐 저자 소개를 봤다. 그 후에 목차의 소제목을 봤는데 생각보다 너무 괜찮았다. 그래서 나는 그 책을 구매했고 집에서 읽어봤다. 책을 쓴 저자가 전달하는 내용은 너무 좋았지만, 책에서 말한 대로 전부 실천하기에는 무리가 있었다. '어떻게 하면 이 책의 내용을 실천할 수 있을까.'라고 생각하다가 갑자기 이런 생각이 떠올랐다.

책에서 하라는 방식을 내 나름대로 응용했다. 내가 회사에서 일할 때 힘들거나 직장 상사로 인해 기분이 나쁠 경우 화가 올라오기 시작하면 일부러 바보인 척을 했다. 평소의 나라면 나도 모르게 화가 날 수 있기 때문이다. 화가 날 때마다 바보인 척을 하면서 속으로 '괜찮아, 나는 절대 화내지 않기로 약속했지.'라며 마음을 다스렸다.

그런데 나도 사람인지라 아무리 욕을 하지 않겠다고 다짐해도 욕이 나올 때가 있었다. 그럼 나는 다시 한번 마음을 다스리려고 계속 노력했다. 이 습관이 계속 유지가 되다 보니 조금 짜증이 나는 일에도 자연스럽게 물 흐르듯이 넘어가게 되었다.

어떤 일이든 마찬가지다. 나는 이 책을 읽는 당신에게 묻고 싶다. 당신은 왜 이 책을 읽으려고 하는가? 내 생각에는 당신이 독서를 통해 어떻게 삶이 바뀔 수 있는지 궁금해서 이 책을 읽고 있다고 생각한다. 혹시라도 이 책을 읽는 독자 중에 책을 처음 읽는 사람이 있다면 말하고 싶다. 당신이 독서를 통해서 삶이 달라지기 전에 먼저 책 읽는 습관을 들여야 한다는 것을 말이다. 나 역시 원래는 책을 읽는 것을 좋아하지 않았다. 지금보다 더 나은 삶을 살고 싶어서 책을 읽으려고 했지만 쉬운 일이 아니었다. 원래 책상에 앉아서 집중을 잘 하는 스타일이 아니었으니 말이다.

그래서 처음 독서를 하려고 할 때, 먼저 10분 정도 책을 읽는 습관을 들였다. 그 습관이 꾸준히 반복되다 보니 20분, 30분, 1시간, 2시간, 4시간으로 자연스럽게 집중할 수 있는 시간이 늘어났다. 독서를 하는 재미를 알고 난 후에는 책을 읽으면서 내가 고쳐야 할 내용이 있거나 좋은 내용이 있으면 노트에다 메모했다. 그리고 적은 내용을 꾸준하게 실천하며 이어나가다 보니 내 삶은 점점 달라지기 시작했다.

책을 읽는 사람들에게 말하고 싶다. 책의 내용을 나에게 대입하려고 할 때 단번에 바꾸려고 무리하게 실천할 필요는 없다. 만약 당신이 무리하게 된다면 나중에는 지쳐 책을 읽는 것을 멀리하게 될 수 있기 때문이다. 어떤 책이든 상관없다. 인문, 주식, 자기계발, 철학 등 다양한 서적을 읽더라도 그 내용 중에 지금 내가 실천할 수 있는 문장이 있다면 노트에다 메모하자.

그리고 꾸준히 실천하자. 혹시라도 책을 읽거나 지치는 순간이 있으면 하루 정도는 쉬어가도 좋다. 꾸준하게 읽고 실천하는 것이 중요하니까. 지금이라도 책을 읽고 1%라도 달라지자. 그러면 당신도 모르게 당신의 삶이 점점 성장하고 변화하는 것을 느끼는 날이 올 것이다.

03

책을 읽는 만큼 생각이 달라진다

2020년 5월, 친구의 생일날이었다. 많은 사람들과 술집에서 축하 파티를 했다. 그 친구는 먼저 생일 케이크에다 초를 꽂은 다음에 불을 붙였고 우리는 생일 축하 노래를 불렀다. 그 후 친구는 불을 끄고 본격적인 생일 파티를 즐겼다. 나는 그 친구를 학교 다닐 때 말고는 거의 만난 적이 없었다. 그래서 정말 반가운 마음에 내가 먼저 그 친구에게 말을 건넸다.

"생일 축하해. 그동안 잘 지냈어?"
"나는 잘 지냈지. 너는 어떻게 지냈어?"

"나는 매일 일하면서 집에서 자는 게 일상이지. 너는 요즘 배우 활동 잘하고 있어?"

"아니, 그냥 보통이지, 일이 많을 때는 돈을 좀 벌어도, 일이 없으면 손가락이나 빨고 있지."

그 친구와 나는 정말 시간 가는 줄도 모르고 많은 대화를 했다. 그리고 한참 지나서 핸드폰 시계를 봤는데 벌써 새벽 1시가 되었다. 정말 믿기지 않았다. 새벽 1시가 되었을 때, 다른 사람들은 각자 집에 갔는데 막상 생각해보니 나는 갈 곳이 없었다. 어떻게 해야 할지 고민하고 있는데, 그 친구가 나에게 "너, 잘 곳이 없으면 우리 집에서 자고 가도 돼."라고 말했다. 그래서 내가 "정말 괜찮아?"라고 말하자 그 친구가 다시 말했다. "어! 괜찮아. 우리 집에 아무도 없으니까 상관없어." 그렇게 나는 그 친구의 집에 가서 잠을 잤다. 그리고 6시간이 흘렀을 때 아침이 되자마자 나는 세수만 하고 나왔다. 나는 지방으로 갈 준비를 하려고 하다 문득 '내가 20세 초반에 살았던 화곡역은 지금 어떻게 변해 있을까?'라는 생각이 들었다. 일단 지방에 내려가기 전에 지하철을 타고 먼저 화곡역에 갔다. 많은 정거장을 거쳐 화곡역을 도착했을 때, 그곳은 내가 20세에 올라왔던 때와 비교하면 너무 많이 변해 있었다.

'와, 여기 정말 여기 정말 화곡역 맞아? 내가 잘못 온 건가?'

나는 화곡역 주변이 더 변화된 곳은 없는지, 관찰하면서 길을 걸어갔다. 길을 걸어가면서 보는데 더 놀라웠다. 내가 자주 가던 빵집은 동네 카페로 바뀌었고, 이불집은 큰 식당으로 바뀌었다. 내가 살았던 곳이 맞나 싶을 정도로 정말 많이 변했다. 15분 정도 지났을 때, 내가 살았던 장소에 도착했는데 더 놀라웠다. 커피를 주문할 때, 직원이 계산하지 않고 무인 계산기를 통해 주문한다. 물가도 내가 생각했던 것보다 정말 많이 올랐다. 그뿐만이 아니었다. 내가 지냈을 당시 공사 중이던 아파트나 상가는 말도 안 될 정도로 멋지게 완공되었다. 지방이랑은 비교도 안 될 정도로 말이다. 지방에 있을 때는 세상이 변하는 느낌을 잘 느끼지 못했는데, 서울에서 직접 보니 현실을 직시하게 되었다. 그리고 많은 생각이 들었다.

'지금 우리가 흔히 볼 수 있는 풍경은 미래가 되면 없어질 수 있겠구나.'
'세상은 내가 생각했던 것 그 이상으로 빨리 변하는구나.'
'서울은 정말 능력 있는 사람이 많고 아이디어가 많은 사람이 널렸구나.'
'내가 세상을 너무 만만하게 봤구나.'

대부분 사람은 매일 피곤한 몸을 이끌고 아침부터 저녁까지 직장 생활을 한다. 받는 월급은 평균적으로 200만 원대 중반 정도. 평생 한 직장에서 일하며, 그 직장에서 나오는 돈만으로 생활해도 이상하게 여기지 않는다. 이 현실을 볼 때마다 안타깝다. 요즘 시대는 과거와는 다르게 정말 빠르게 변하고 있다. 현재 노동시장의 기술은 우리가 상상할 수 없을 정도로 발전했다. 우리는 그동안 열심히 공부해서 좋은 대학에 들어가 좋은 회사에 취업하기 위한 목적으로만 살아왔다. 하지만 앞으로는 고도의 기술 발달로 인해 사람들의 수명도 늘고, 노동자의 실업률이 높아질 것이다. 이 사실을 알면서도 무엇을 어떻게 해야 할지 몰라서 그냥 흘러가는 대로 살게 되는 사람이 대부분이다. 많은 사람은 월급을 더 주는 대기업이나, 공기업에 취업하는 것만을 목적으로 삼는 것 같다. 정년이 보장되는 공무원도 경쟁률이 치열하다. 그런데 막상 취업해보면 우리가 상상했던 것과는 다른 현실을 마주하며 막막해지는 경우가 종종 있다.

세상에는 돈이 될 수 있는 일들이 너무 많다. 아이디어도 정말 셀 수 없을 정도로 넘쳐난다. 그런데 대부분 사람은 좋은 직장, 안정적인 직장에만 취업하는 것이 답이라고 생각하는 것 같다. 요즘 모든 직장은 안전하지 않다. 당신이 아무리 공기업, 대기업, 공무원에 취업했다고 해도 비싼 노동자에 불과하다. 직장에서 월급을 더 준다고 해도 월급은 크게 달라지지 않고, 물가는 더 상승한다. 앞으로도 더 그럴 것이다. 우리는 현대판 노예 생활에서 벗어나야 한다. 우리가 살아가는 시대는 사람들의 생각과 지혜, 경험에서 나타난다. 우리는 남들보다 항상 모든 것에, 관심을 가지고 생각하고 연구해야 한다. 그러면 우리에게 생각하는 힘을 열어줄 수 있는 도구는 무엇이라고 생각하는가? 바로 책을 읽는 것이다.

내가 직장 생활을 했을 때는, 직장을 다니면서 돈을 저축하는 것이 답이라고 했다. 그런데 막상 살다 보니 아무리 저축해도 받는 이자는 얼마 되지도 않고, 직장에서 열심히 해도 월급은 올라가지 않았다. 이 계기로 인해 경제에 관심을 가졌는데 처음이다 보니 어려웠고 어떻게 해야 할지 방법을 몰랐다. 그러다 경제에 관한 책을 읽게 되었는데 당연히 처음에는 어려웠지만 계속 읽다 보니, 경제에 대한 감각이 생기기 시작했다. 트렌드도 분석할 수 있게 되었고 앞으로 경제가 어떤 식으로 돌아갈지 생각하고 예측할 수 있게 되었다. 그 후에 주식을 시작했고, 부동산을 시작했다. 그뿐만이 아니었다. 내가 예전에는 사기를 너무 당해서 돈을 많이 잃고, 사람 관계를 잘 원만하게 처리하지 못했던 적이 있었다. 그래서 인간관계에 관련된 책을 읽으면서 생각하고 분석했다. 처음에는 어려웠지만 책을 읽으면 읽을수록 사람을 판단할 수 있는 능력이 생겼다. 그 사람의 행동과 말투, 태도를 보면 이 사람이 어떤 사람인지 생각하고 판단할 수 있을 정도로 말이다.

과거의 나였다면 누군가에게 의지하고, 남을 믿기만 했을 것이다. 그런데 요즘의 나는 다르다. 앞으로 내가 꿈을 향해 나아가는 길에 있어 남들이 볼 때, "야 그거 위험해.", "너 잘못하다가 망할 수 있어."라고 떠들어도 상관없다. 내 생각이 맞고 확실하면 불구덩이 같은 길이어도 뛰어든다. 생각이 많으면 많을수록 선택의 폭이 넓어지고 자신만의 확신이 더 커지니 말이다.

책은 우리의 생각을 확장시키고 시야를 넓혀준다. 경제, 상상력, 인문, 경영 등 모든 분야에서 많은 해답을 알려주고, 생각하는 힘이 더 커질 수 있게 만들어준다. 당신은 요즘 어떤 생각을 가지고 이 시대를 살고 있는가? 보통 직장인들이면 경제적인 자유를 꿈꾸고 있을 것이다. 이 말에 공감이 간다면 책을 많이 읽어라. 책은 당신에게 많은 생각을 열어주고 많은 길을 알려준다. 책을 읽으면 읽을수록 뇌가 생각하는 순환이 더 빨라진다. 다른 사람이 특정 이슈만을 가지고 논할 때, 책을 읽은 사람은 다른 시야로 보고 분석한다. 독서를 많이 한 사람은 책을 쓴 수많은 사람의 지혜를 자기 것으로 가져와서 생각의 폭을 한층 더 넓힌다.

이미 성공한 사람들도 책을 꾸준하게 읽는다. 아무리 성공했다고 해도 방심하면 무너지는 것은 순식간이기 때문에 항상 책을 읽고 생각한다. 책은 우리의 생각을 더 단단하게 만들고, 시야를 넓혀준다. 내 인생에서 생각하는 힘을 확장할 수 있게 만들어주는 도구는 책이라고 말하고 싶다. 책에는 수많은 정보가 들어가 있다. 우리는 그 수많은 정보를 얻고 생각하게 된다. 그러한 습관을 꾸준하게 기르면 기를수록 우리의 뇌는 다른 사람보다 더 뛰어나게 될 것이다.

04

미래를 위한 중요한 일을 하라

내가 서울에서 모델을 준비했을 때, 돈이 없어서 옷을 사지 못하는 바람에 평범하게 입었던 적이 있다. 그러자 나랑 동갑내기인 모델 중 한 명이 나를 보고 말했다. "너는 옷을 왜 그렇게 입냐?", "모델이라면 어느 정도 잘 입어야 하는데, 너는 너무 심하다."라며 나를 무시하고 비꼬았다. 정말 자존심이 상해서 나 혼자 주먹을 불끈 쥐고 벽을 치면서 울분을 토했다. 그럴 때 나에게 다가온 후배 동생이 있었다. 그 동생은 나를 위로해주고 나쁜 말은 무시하라고 말하면서 나를 다독여줬다. 그 계기로 그 동생이랑 나는 누구보다 더 돈독해졌고 매일 같이 다니기 시작했다. 매일 시간이 나면 같이 놀러 다니고 어떤 날은 해가 뜰 때까지 술을 미친 듯이 마시고 집에 가서 잠을 잤다. 도착했을 때 새벽 5시 정도 되었고 잠을 자려고 침대에 누웠을 때, 내 몸은 온통 술 냄새에 찌들어 있었다.

그러면서 자다 일어나면 오후 4시 정도가 되었다. '잠자기 시작한 지 얼마 되지 않았는데 벌써 시간이 이렇게 됐네.'라며 놀라움을 감추지 못했다. 그렇게 일어나면 밥을 대충 먹고 다시 침대에 누워서 핸드폰을 만지며 시간을 보내고 있다 보면 그 동생에게서 연락이 왔다.

"형, 잘 잤어? 우리 술 너무 많이 마셨다. 어제 재미있게 놀았어?"
"좋긴 좋은데 너무 피곤하다."
"나도 피곤하지만, 너무 재미있어. 형 오늘도 클럽 가서 재미있게 놀자."

나는 순간 너무 당황해서 말했다.

"야, 우리 클럽을 도대체 몇 번이나 가는 거야? 오늘은 좀 쉬면 안 될까?"
"형, 나는 형이 있어야 재미있어. 오늘도 우리 멋지게 꾸미고 가서 우리의 우아함을 보여주자."

결국에 나는 친한 동생의 설득에 넘어가 다시 클럽에 가기로 하고 검정 옷으로 무장하고 왁스로 머리를 만진 후에 동생을 만났다. 이번에도 똑같은 강남 클럽에 가서 양주, 보드카를 마시면서 클럽 노래에 취해 있었다. 시간이 지나 클럽 분위기는 점점 좋아지면서 더 미친 듯이 놀던 도중에 모르는 여자가 다가왔다. 처음에는 당황스러워서 어쩔 줄 몰랐다. 우리에게 다가온 여자는 노출이 심한 원피스를 입었다. 거기다 얼굴도 너무 예뻐서 눈을 어디다 두어야 할지 모를 정도였다. 나는 속으로 '도대체 왜 나에게 다가오지?'라고 생각하고 있었는데 그 여자가 귓속말을 걸었다.

"저기요, 너무 잘생겼어요."

나는 '잘생겼다'라는 말이 너무 당황해서 그 여자에게 물어봤다.

"제가 정말 잘생겼어요? 여기 클럽에 온 사람들 보면 저보다 더 키 크고 잘생긴 사람 많아요."

그러자 내 말은 들은 여자는 웃으면서 다시 나에게 귓속말로 말했다.

"잘생긴 사람이 많은 건 맞지만, 그쪽도 잘생겼어요. 키도 크시고 매력 있고, 너무 멋져요."

나는 이 말을 듣고 겉으로 표현하지는 않았지만, 속으로는 기분이 너무 좋았다. 그리고 그 여자가 나에게 귓속말로 다시 한번 말을 이어갔다.

"괜찮으면 저희랑 같이 놀래요?"

이 말을 들었을 때, 묘한 기분이었지만 나는 흔쾌히 수락했다. 그리고 그 여자랑 동생이랑 같이 클럽 음악에 맞춰 재미있게 놀았다. 서로 재미있는 춤을 추면서 대화도 하고 같이 술도 마시면서 즐거웠다. 우리는 클럽 마감까지 미친 듯이 놀았고 집에 들어가서 잠들었다.

지금 생각하면 그 당시에는 정말 즐거웠다. 친한 동생이랑 같이 클럽에 가서 멋도 부리고 모르는 여자들이 쳐다보는 시선과 걸어주는 말에서 느끼게 되는 그 설렘. 내가 지방에 있었다면 일어날 수 없는 일이었다. 그렇게 처음으로 여자랑 대화하면서 내 성격은 변하기 시작했고 연애하고 싶은 마음도 생겼다. 그 계기로 친한 동생이랑 매일 술집에 가거나 클럽에 가면 여자에게 잘 보이기 위해 스타일을 독특하게 꾸미고 다녔다. 속으로 이런 마음도 있었다. '이번에 이렇게 멋지게 입고 다니면 여자들이 나를 보면서 멋지다고 하겠지.', '잘하면 여자가 먼저 대화를 걸겠지.'

그런데 지금 생각하면 다 부질없는 짓이었던 것 같다. 내가 멋지게 꾸미고 다니는 건 좋지만, 여자에게 겉으로 잘 보이기만을 위한 행위는 시간 낭비였다. 내가 연예인도 아니고, 아무리 연예인처럼 꾸민다고 해서 캐스팅이 들어올 것도 아닌데 말이다. 나에게 득이 되는 건 없었다. 당시의 나는 그냥 겉모습만 멋지게 포장했지 포장지를 열어보면 텅 비어 있는 상태였다. 이렇게 백날 연예인처럼 화려하게 꾸미기를 해도 아주 잠깐이었다. 나중에 시간이 지나 나이가 들면서 많이 느꼈다. '정말 철도 없고, 너무 생각 없이 살았다.'라고 말이다.

이 책을 읽고 있는 20~30대 독자에게 묻고 싶다. 당신은 현재 어떤 식으로 살고 있는가? 미래에 무엇이 제일 하고 싶고, 그 하고 싶은 것을 위해 어떻게 할 것인지 말이다. 요즘 보면 1인 가구가 늘어나고 있다. 그 이유를 말하면 대략 이렇다.

요즘 취업도 어렵고 소득도 적을뿐더러 월급도 크게 오르지 않는 현실이다. 그런데 제일 큰 문제점은 1인 가구의 40% 정도가 무직자라는 사실이다. 그만큼 우리나라가 어려워지고 있다는 뜻이기도 하다. 앞으로는 1인 가구가 점점 늘어날 것이다. 지금은 느끼지 못할 수 있어도 미래에는 노력하는 사람과 하지 않는 사람의 모습이 많이 다를 것이다. 미래를 위해 지금 준비한 사람은 화려한 삶을 사는 사람이 되어 있을 것이다.

반면, 미래를 준비하지 않는 사람은 혼자 살면서 매일 노동자의 삶으로 살거나 나중에 노숙자가 되는 삶으로 추락할 수 있다. 그만큼 세상이 쉽지 않다는 것이다. 간곡히 부탁하고 싶다. 지금 노력하지 않고 그냥 연애하거나, 술 마시거나, 여행을 가는 등 소모성 행위를 하는 것만 목적으로 하고 있다면 지금부터 고쳐라. 지금 당장 연애하지 못해도 나중에 자기 자신이 능력이 되면 이성은 저절로 따라온다. 가끔은 술을 마셔도 괜찮을 수 있어도 너무 자주 마시면 좋을 게 하나도 없다. 여행도 가끔 힐링하는 정도로 간다면 괜찮지만 자주 가는 건 돈만 쓰고 남는 게 적다. 우리가 지금 미래를 위해 현재를 어떻게 잘 살아야 할지가 중요한 관건이다. 그렇다면 어떻게 해야 하는가?

지금 당장이라도 자신이 미래에 어떤 일을 하고 싶은지 정해야 한다. 예를 들어 만약 당신이 부자가 되고 싶다고 가정하자. 그럼 어떻게 해야 할까? 처음에는 어떻게 부자가 되어야 할지 모르고 어려울 수 있다. 그럼 먼저 부에 관한 책을 읽어라. 책을 읽고 필사하고 필요한 내용이 있으면 수첩에도 적어놓아라. 매일 나는 부자가 되겠다고 자기 암시를 하라. 항상 자신의 멘토를 만들고 끊임없이 배워라. 그리고 실천하고 힘들어도 포기하면 안 된다. 어떻게든 성공하겠다는 자신감을 가지고 끊임없이 자기 암시해라. 나도 힘들고 일이 안 풀릴 때마다 '이 시련은 잠깐뿐, 언젠가 지나가리라.'라고 생각하며 힘을 낸다.

요즘 유튜브나 SNS에서도 성공한 사람들의 영상이나 좋은 글이 많이 올라온다. 그 영상이나 좋은 글을 보면서 동기부여도 받고 항상 긍정적인 마음을 가져야 한다. 게임, 자동차, 명품 사진, 만화만 보지 말자. 가끔 보는 건 괜찮지만 너무 자주 보게 되면 그것에만 시간을 뺏기게 된다. 그런 사람들에게 미래를 위해 중요한 일을 해야 한다고 말하고 싶지만 거의 듣지 않을 게 뻔하다. 내가 백날 떠들어도 바뀌지 않을 사람은 바뀌지 않는다. 그런 사람에게는 더 이상 말하고 싶지 않다. 내 입만 아프다. 지금 당신이 변할 생각이 없고 그냥 살겠다고 한다면 그냥 살아도 된다. 그럼 미래는 더 암울하고 힘들어지며 후회할 수 있을지 모르지만 말이다.

우리는 현재의 모습이 아닌 미래의 모습을 생각해야 한다. 미래를 위해서 지금 어떤 일을 해야 할지 생각해야 한다. 지금 준비하지 않으면 나이 들어서는 기회도 없을뿐더러 준비하기도 힘들다. 우리는 한 살이라도 젊을 때 미래를 위해 시간을 보내야 한다. 희생하지 않으면 미래에는 더 힘들 것이다.

세상은 너무 빠르게 변하고 있는데 그 흐름을 인식하지 못하면 우리의 미래는 더 암울해질 것이다. 당신은 한 번 사는 인생을 이렇게 허비하면서 살 것인가. 젊을 때 놀 거 다 놀고 편하게 안주하면서 살다가 나이가 들 때 후회할 것인가. 나는 적어도 이 책을 읽고 있는 당신이 미래를 위해 중요한 일을 했으면 좋겠다. 정말 진심으로 하는 말이다. 미래를 위해 지금이라도 중요한 일을 한다면 당신은 적어도 굶어 죽는 일은 없을 것이다.

인생을 한방으로 생각하지 마라

"아, 복권 당첨되면 회사 퇴사하고 멋지게 살아야지."

"언제쯤 나는 복권 1등에 당첨이 될 수 있을까?"

내 주변에서 자주 들리는 말이다. 대부분 사람들은 직장 월급으로 부자가 되지 못하는 것을 알기 때문에 이런 말을 많이 하는 것 같다. 어떻게 보면 이해가 가는 말이다. 우리가 직장 생활로는 절대 부자가 될 수 없을뿐더러 죽기 전까지 직장 생활을 하며 근무할 수 없는 노릇이니 말이다. 그런데 말이다. 나는 여기서 당신에게 묻고 싶다. 조금이라도 남들보다 더 생각하고 시야를 넓게 보면 돈을 벌 수 있는 일은 정말 많은데 왜 복권에 1등으로 당첨되는 것에만 집착하는가. 물론 1등으로 당첨이 된다면 좋겠지만 평생 1등이 되지 않을 수도 있다. 어떻게 보면 복권에 1등으로 당첨이 된다는 건 거의 희박한 운이다. 쉽게 말하면 당신이 인생을 운에 맡기는 행동을 하는 것이나 다름이 없다.

당신은 남은 인생을 1등 복권에 당첨되기 전까지 운에 맡길 것인가? 만약 1등 복권에 당첨된다고 해도 인생을 역전할 수 있다고 생각하는가? 내 친구 중에도 이런 부류의 친구 녀석이 한 명 있다. 자세한 설명을 하기에 앞서 그 친구의 이야기를 잠시 하려고 한다.

그 친구는 경제적으로 고민이 많은 친구였다. 직장 생활도 그만둔 지 1년이 거의 다 되어갔다. 요즘 같은 시대에 직장도 쉽게 구해지지 않고 그 친구는 돈이 다 떨어지면 단기 아르바이트로 겨우 생계를 유지했다. 가끔 그 친구를 보면 마음이 아프고 안쓰러워 보여서 내가 먼저 전화했다.

"야, 일자리는 잘 구하고 있냐?"

"아니, 잘 안 구해진다. 단기 아르바이트로 생계를 유지하는 것도 이제는 한계가 왔다."

"혹시 오늘 시간 가능해? 만약 시간이 가능하면 내가 너한테 밥 사주려고 하는데 괜찮아?"

"정말? 그럼 나야 고맙지. 우리 언제 만날래?"

"그냥 오늘 만나자. 괜찮아?"

"당연하지. 그럼 바로 준비하고 나갈게."

그렇게 우리는 만나서 같이 무엇을 먹을지 고민하다가 순대국밥 집에 갔다. 자리에 앉아서 메뉴판을 보고 순대국밥을 주문했다. 주문한 음식을 기다리기 전까지 서로 안부를 물어보면서 많은 대화를 했다. 그리고 10분 정도 지났을 때 우리가 주문했던 음식이 나왔다. 그 친구와 나는 서로 숟가락을 들면서 밥을 먹기 시작했다. 서로 밥을 다 먹고 나서 배가 부르기 시작하니 어디인가 편안한 곳에 앉아서 쉬면서 대화하고 싶었다. 그래서 그 친구와 나는 카페에 가서 아메리카노 한 잔을 시원하게 마시면서 핸드폰을 보며 쉬고 있었다. 음식이 어느 정도 소화가 다 되어가고 있을 때 그 친구에게 말했다.

"야, 너 요즘 일을 쉬고 있으면 단기 아르바이트하는 거 말고 따로 준비하는 거 없어?"

"아니, 딱히 없어. 그나마 하는 것이라고는 일주일에 한 번씩 복권 사는 거지."

"뭐라고? 야, 일주일에 한 번씩 복권을 구매한다고 해도 1등으로 당첨될 수 있는 확률이 적은데 너 자신 있어? 차라리 그 시간에 너 자기계발

하면서 미래에 어떻게 살지 고민하는 게 좋지 않을까?"

"몰라, 나는 그냥 1등 복권에 당첨돼서 떵떵거리며 살래. 복권도 꾸준하게 꾸준하게 구매하고 긁다 보면 언젠가 1등이 될 수 있는 날이 오겠지."

정말 대단한 녀석이다. 꾸준하게 복권을 구매해서 1등에 당첨되기까지 계속 시도하겠다니 말이다. 꾸준하게 복권을 구매해서 당첨되기까지 계속 시도하는 정신은 인정하고 싶다. 아무것도 안 하는 것보다는 나을 수 있으니 말이다.

그런데 상식적으로 생각해보자. 복권으로 1등이 당첨된다는 게 확률적으로 따지면 정말 낮다. 어느 정도 실력이 따라 주면 좋겠지만 복권은 실력으로 하는 게 아니다. 거의 운으로 결정짓는 싸움이다. 그리고 당신이 운이 좋아서 1등 복권에 당첨되었다고 가정하자. 그럼 당신은 그 돈을 어떻게 사용할 것인가. 뭐 대부분 사람은 말하지 않아도 뻔하다.

"나는 복권으로 1등 당첨되면 고급 차를 구매하고 여행이나 다녀야지."

"나는 복권으로 1등 당첨되면 노래방도 가고 술도 마음껏 마셔야지."

"나는 복권으로 1등 당첨되면 무조건 회사 퇴사하고 내 인생 살아야지."

대부분 이런 식이다. 어떻게 보면 없던 돈이 크게 생기니 혹하는 마음에 이런 생각이 들 수 있다. 이해한다. 나도 사람이다 보니 없던 돈이 크게 생기면 없던 씀씀이가 갑자기 커질 때도 있으니 말이다. 그런데 말이다. 당신은 복권으로 1등에 당첨돼서 멋 부리고 화려하게만 사는 게 멋진 인생이라고 생각하는가? 내가 보기에는 그냥 겉멋이 든 것으로밖에는 보이지 않는다. 하나만 물어보자. 당신이 멋을 부리는 건 좋은데 그렇다고 당신의 가치가 높아지는가. 좋은 차를 타면서 명품을 샀다고 인생이 역전되는가. 절대 아니다. 진짜 인생은 자신이 이루고자 하는 꿈을 위해 포기하지 않고 꾸준하게 노력했을 때 빛을 발휘하는 것이다.

내가 개인적으로 좋아하는 연예인 중에 '브레이브걸스'라는 그룹이 있다. 대부분 사람은 브레이브걸스를 보면 이렇게 생각한다. '와, 인생 역전했네.', '인생 진짜 한 방이네.', '역시 운이 잘 따라줬네.' 지금은 누구나 다 아는 그룹이지만 브레이브걸스가 처음부터 알려진 그룹은 아니었다. 브레이브걸스는 원래 1기 멤버로 데뷔했는데 잘 풀리지 않아 1기 멤버가 탈퇴하고 2016년에는 2기 멤버 체제로 다시 시작했다. 계속 여러 곡을 내고 시도했지만, 많은 인기를 얻지 못했다. 하지만 브레이브걸스 멤버들은 포기하지 않고 꾸준히 길거리 공연도 뛰고 어디서든 불러주면 열심히 뛰었다. 군부대에서도 꾸준하게 공연하고 항상 웃음을 잃지 않고 진심으로 공연에 임했다. 그게 통했던 것일까, 2021년 3월 '롤린'이라는 곡이 역

주행하면서 대중들에게 이름을 알렸다.

　이래도 당신은 브레이브걸스가 운이 좋아서 유명해졌다고 생각하는가. 절대 아니다. 브레이브걸스가 성공할 수 있던 이유는 인생을 운으로 생각하지 않고 노력했기 때문이다. 어떤 상황에서도 포기하지 않고 꾸준하게 노력했으니 그 노력이 점차 쌓이면서 운도 따라준 것이다. 그래서 지금의 자리까지 올 수 있던 것이다. 사람들은 성공한 사람을 겉모습으로만 판단하는 게 문제다. 그런데 말이다. 세상은 모든 단번에 되는 일이 없다. 모든 일은 성공하거나 운이 따라주기까지 자신의 노력 값이 들어가야 한다. 노력하지 않고 인생을 운에 맡기기만 하겠다면 절대 성공할 수 없다. 운이 좋아서 성공했다고 쳐도 나중에는 무너지기 마련이다.

　자, 이제부터 생각을 바꾸자. 혹시라도 당신이 영원히 인생을 운에 맡기겠다고 한다거나 인생을 한방에 역전되는 게임 정도로 생각하면 지금 읽고 있는 책을 덮는 게 좋다. 내가 책을 쓴 이유는 당신이 조금이라도 느끼고 깨닫고 실천했으면 하는 바람에서다. 그냥 읽고 공감만 하라고 책을 쓴 게 아니란 얘기다. 당신이 어떤 인생을 살던 인생을 도박처럼 생각하지 말았으면 한다. 인생은 절대 한 번의 운으로 잘 살게 되는 게 아니니까. 지금부터라도 당신이 정말 살고 싶은 인생이 무엇인지 생각하자. 그 후에 어떻게 해야 할지 구체적으로 생각하고 노트에 적어라. 그리고 자신이 원하는 인생을 위해 포기하지 말고 꾸준하게 노력하자. 그러면 운도 저절로 따라오기 마련이니까. 이 말을 항상 명심했으면 한다.

06

미래의 변화는 오늘의 나로부터 시작된다

가끔 아침에 일어나면 인터넷에서 뉴스를 보는데, 어느 날은 학교폭력에 관한 기사가 눈에 띄었다. 집단 따돌림, 셔틀, 투신 등의 단어를 보면 나의 과거 생각이 난다. 나도 초등학교 때부터 왕따를 당했던 적이 있고, 따돌림도 많이 받았다. 그뿐만이 아니다. 중학교에 올라가서도 같은 반 또래들이 유독 나만 심하게 괴롭혔던 기억이 난다. 못생겼다거나, 기분이 나빴다는 이유만으로 말이다. 당신은 과거에 학창 시절을 어떻게 보냈는가? 그냥 열심히 공부한 사람도 있을 것이고, 괴롭힘을 당하면서 힘들게 왔거나, 약한 애들을 괴롭히면서 살았을 수도 있을 것이다. 학교폭력을 당해보지 않은 사람은 잘 모르겠지만, 당한 사람은 안다. 얼마나 고통스럽고 힘든 일이었는지 말이다.

내가 중학교 다녔을 때 일이었다. 수업 시간이 끝나고 쉬는 시간이 되자 소위 잘나가는 일진 한 명이 나에게 말했다.

"야! 너 돈 좀 있냐?"

"아니, 나 돈 없는데."

"진짜로 없냐? 그럼 내가 네 주머니 뒤져서 만약에 돈이 나오면 넌 뒤진다."

그 일진은 내 주머니를 뒤적거리다가 돈이 나오자 나에게 다시 말했다.

"야, 너 왜 나한테 거짓말 쳤냐? 띠꺼운 것도 모자라서 거짓말이나 치고 있고. 야, 너 오늘 존나게 맞자."

그 일진이 나를 정말 미친 듯이 때렸다. 10분 정도 넘게 맞았던 것 같다. 다른 친구들은 겁나서 가만히 있을 수밖에 없었고, 다른 일진 무리들은 내가 맞고 있는 모습을 웃으면서 구경하기만 했다. 이 과거는 치욕스

럽다. 절대 되돌아가고 싶지 않다. 오죽했으면 너무 맞다 보니 몸에 감각이 없어 아픈 느낌을 느끼지 못할 정도였다. 그 정도로 매일 수도 없이 맞았다. 그뿐만이 아니었다.

중학교 3학년 때, 같은 반에 유독 한 명이 키도 크고 얼굴도 나름 잘생긴 애가 있었다. 내가 가만히 책상에 앉아서 자고 있거나, 쉬는 시간이 되면 그 애가 나를 많이 괴롭히고 못생겼다고 놀리고는 했었다.

그것도 모자라서 주먹으로 때리고, 내가 조금이라도 반항한 것 같은 느낌이 들면 더 때렸다. 하루라도 거의 안 맞는 날이 없을 정도로 지옥 같았다. 이 당시 내 머릿속에는 '자살'이라는 단어밖에 떠오르지 않았던 것 같다. 선생님이나 부모님에게 말하고 싶어도, 말하지 못했다. 만약 말했다면, 나를 괴롭힌 가해자가 나에게 보복할 것이 분명했다. 정말 여러 가지 생각이 많이 들었다.

'아, 걔 XXX 진짜 칼만 있으면 다 죽여버리고 자살이나 해야지.'
'걔 XXX 한국이라서 다행이지, 중국이었으면 너넨 다 사형감이야.'

정말 수도 없이 생각했고, 이런 생각을 할 때마다 혼자서 눈물을 삼키기도 했다. 매일 부정적인 생각밖에 들지 않았다. 학교 끝나면 집에서 공부를 못한다고 혼나고 학교에 가면 매일 따돌림을 당하고 맞기만 했으니 말이다. 그런데 이런 생각을 할수록 학교생활은 나아지는 게 아니라 더 힘들어졌다. 그 고통은 더 감당하기 힘들 정도로 지옥이었다. 이러다 정말 자살할 거 같은 생각이 들었다.

나는 간절하게 기도했다. '제발, 학교생활이 힘들지 않기를 기도합니다.', '오늘이 힘들어도 나중에는 전부 괜찮아질 거야.'라며 매일 기도했다. 그러자 정말 놀랍게도 시간이 지나니 많은 변화가 일어났다. 나를 괴롭히던 애들이 예전보다 덜 괴롭히기 시작했다. 여전히 괴롭히는 건 조금 남아 있었지만, 예전에 비하면 정말 양반인 셈이었다. 시간이 지날수록 괴롭힘은 없어졌고 고등학교에 올라가서는 학교생활이 편했다. 친구들도 착하고 수업 분위기도 재미있었다.

불과 얼마 전까지만 해도 자살만 생각했었는데, 시간이 지나니 정말 믿을 수 없을 정도로 상황이 달라졌다. 아마도 내가 마음속으로 지금 상황을 나아지게 해달라고 간절히 원한 것이 진짜 마법처럼 이루어 진 것 같다. 그 당시는 몰랐는데 지금은 알 것 같다. 모든 원인은 나한테 있었다는 것을. 내가 긍정적으로 생각하고 좋은 생각을 했을 때, 일이 잘 풀리고 잘 되었다. 반대로 내가 조금이라도 부정적인 생각을 했다면, 모든 일이 잘 풀리지 않고 상황이 더 나빠지기만 했다. 쉽게 말하면 모든 원인은 외부에서 나타나는 것이 아니라, 내부에서 나타나는 것이다. 누군가는 이해하지 못할 수 있겠지만 정말이다. 당신이 느끼지 못할 뿐이지, 과학적으로도 증명되었다.

한 번은 고등학교 때의 일이었다. 수업 시간에 발표할 시간이 있어서 내가 발표하려고 나왔는데 또래 애들끼리 수군대기 시작했다. 나에게 못생겼다고 한 것이었다. 그 순간, 너무 화가 났지만 참았다. 그냥 한 귀로 듣고 한 귀로 흘려버리면서 나 혼자 다짐했다.

'그래, 마음껏 떠들어라. 나는 성인이 되었을 때, 잘생긴 남자가 될 거야.'
'그래, 나 지금은 못생겼어. 하지만 잘생기지는 못해도 매력이 넘쳐.'
'누가 뭐래도, 내가 최고야. 너희들이 뭐라고 해도 나는 특별해.'

이렇게 매일 자기 암시를 했다. 그리고 시간이 흘러 성인이 되었다. 이 당시 홍대에서 친구를 만나기로 한 날이었다. 유독 사람이 많은지라 복잡하고 가기 싫었지만, 오랜만에 보는 친구라서 안 갈 수가 없었다. 이날 나는 멋진 옷을 입고 친구를 만나서 술을 마시면서 재미있는 이야기도 하고 인생 이야기도 했다. 시간이 지나면서 술을 좀 마셔서 그런지 취한 느낌이 들어 바람을 쐬고 싶었다. 그래서 친구랑 같이 밖에 나가서 홍대 거리를 돌아다니면서 사람들도 구경하면서 걷고 있는데 친구가 말했다.

"야, 사람들이 자꾸 너 쳐다보면서 잘생겼다고 소곤대면서 지나가는데."

"에이, 거짓말. 내가 어디가 잘생겼다고 쳐다보냐?"

"야, 진짜야. 내가 사람들 슬쩍 보면서 지켜봤는데, 다 너를 보고 소곤대면서 쳐다보고 지나가."

그 친구의 이야기를 듣고 믿기지 않았다. 지방에서 한 번도 잘생겼다는 소리를 들은 적이 없었다. 그런데 서울에서 잘생겼다는 소리를 들으니, 기분이 이상했다. 고등학교 때부터, 했던 '자기 암시'가 지금 일어난 거 같은 느낌이었다. 누가 뭐라고 해도, 나의 내면에는 확신이 있었기 때문에 지금의 상황이 일어날 수 있었다. 모든 미래는 자신을 믿고 확신을 하면 그에 맞는 좋은 상황이 일어난다는 것이다.

지금 우리가 살아가는 인생도 마찬가지다. 모든 일이 힘들거나 잘 풀리지 않으면 대부분 이런 말을 한다. '아, 나는 틀렸어.', '아, 나는 변할 수 없어.', '어차피 안 되는 거, 그냥 포기하지.' 이런 부정적인 기운이 드는 말을 하지 않았으면 좋겠다. 언제까지 안 된다고만 말할 것인가? 이렇게 말한다는 건 자신에 대한 믿음이 없고 미래에도 관심이 없다는 것이나 다름없다. 이 책을 읽는 독자분들은 나보다 나이가 많을 수 있고 적을 수도 있을 것이다. 내가 인생을 오래 산 건 아니지만, 용기를 내서 하고 싶은 말이 있다. 미래는 정말 우리가 하는 만큼에 따라 바뀐다. 오늘의 자신의 문제점을 찾고 끊임없이 개선하자. 어떤 장애물이 있어도 남이 아닌, 자신을 믿고 이겨내자. 그럼 밝은 미래가 찾아올 것이다.

07

독서로 진짜 스펙을 쌓아라

충북 청주에서 출생한 지방 출신, 가난한 환경, 고졸 출신인 나는 남에게 아무것도 내세울 게 없었다. 공부도 학창 시절에 전교에서 등수로 따지면 거의 맨 뒤에 있을 정도로 못했다. 남들보다 특출나게 잘하는 거도 없고 원빈처럼 잘생기지도 않았다. 공부를 못하면 기술이라도 배워야 하는데 기술을 배운 적도 없다. 내 주변 지인들은 대학 가서 졸업하고 기술을 배워 대기업에 취업해서 잘나가는데 나는 그러지 못했다.

그나마 유일하게 고등학교 때 모델이라는 꿈을 가지고 20세가 되었을 때 서울에 상경해서 도전했지만 실패. 다른 도전도 해보고 자격증 준비도 했지만 전부 실패했다. 무엇을 해도 계속 실패하다 보니 도전하고 싶은 마음은 사라졌다. 그렇게 한참 동안 집에서 핸드폰을 보면서 누워 있다가 문득 이런 생각이 떠올랐다.

'그래, 그냥 나는 기술도 없고 내세울 거도 없으니 남들보다 성실하게 열심히 살자. 남들 대학 가서 기술 배울 때 나는 돈이라도 벌면서 사회생활을 먼저 시작하자.'라고 생각하고 다시 일어섰다. 그런데 말이다. 세상이 성실하고 열심히만 산다고 어디 뜻대로 되는가. 나는 남들보다 열심히 일했고 돈이 부족하면 아르바이트까지 뛰며 일했다. 그리고 매일 월급날이 되어 통장을 보면 내가 일한 거에 비해 턱없이 부족한 돈이 들어와 있었다. 가끔 이런 생각도 들었다. '내가 남들보다 열심히 살았는데 이 정도 가치밖에 안 될 정도의 사람인가?'라고 말이다. 내 주변 사람들은 대학교 교수, 사업가, 토지 전문가, 배우 등 잘난 사람이 너무 많았다. 거기다 경력도 많고 스펙도 정말 비교할 수 없을 정도로 빵빵했다. 이 사람들과 비교했을 때 나는 스펙도 없고 그냥 일만 하는 직장인에 불과할 뿐이었다.

가끔 주변 지인이나 친척들을 만나는 날이 있다. 서로 반가운 마음에 인사하고 대화를 하다가 그들은 종종 나에게 이런 말을 한다.

"호걸아, 너 대학교 졸업은 했니?"

"어디 직장을 다니고 있니?"

"기술이나 자격증은 보유하고 있니?"

"경력이나 특별한 이력은 있니?"

이런 말을 들으면 정말 말문이 막힌다. 도대체 어떻게 말해야 할지 모르겠다. 누군가가 나에게 이런 질문을 할 때면 멘붕이 온다. 그리고 이런 말을 계속 들으면 내 자존심에 금이 가서 마음이 아프다. 말은 하고 싶어도 내세울 게 없으니 말이다. 가끔 이런 생각도 한 적이 있다.

'아니, 꼭 대학교나, 좋은 직장, 기술이나 자격증이 있어야지만 스펙을 인정해주나.'

내 생각에 사람들은 대부분 존재의 가치를 좋은 대학, 좋은 직장, 기술, 자격증 같은 스펙에만 한정 지어서 말하는 거 같다. 세상에는 스펙이란 건 다양할 수 있는데 말이다. 그렇다고 스펙이 밥을 먹여주는가. 절대 아니다. 스펙은 그냥 가치를 높여주는 역할만 할 뿐이다.

한번 잘 생각해보자. 만약 당신이 좋은 회사에 취업하기 위해 여러 가지 스펙을 쌓는다고 하면 그만큼 시간도 많이 들 것이다. 그리고 취업했을 때 당신의 스펙을 인정해준다고 해도 그 가치를 얼마나 인정해주는

가. 내 생각에는 남들보다 눈에 띄는 스펙이 아닌 이상 크게 인정해주지 않을 것이다. 우리가 좋은 회사에 취업하기 위해 스펙을 쌓는다고 해도 받게 되는 임금 수준은 크게 높아지지 않는다. 스펙이 정말 좋으면 좋은 명예를 얻을 수 있지만, 부자가 될 수는 없다. 어떻게 보면 우리가 좋은 회사에 들어가기 위해 스펙을 쌓을수록 회사만 좋을 뿐, 쉽게 말하면 우리가 스펙을 쌓고 회사에 취업해도 결국에는 노동자에 불과하다.

자신이 수많은 스펙을 쌓기 위해 많은 시간과 공을 들였는데 누군가의 밑에서 일을 하는 건 정말 슬픈 현실이다. 차라리 그럴 시간에 남들과 다른 차별화된 스펙을 쌓아야 한다. 그럼 남들보다 차별화된 스펙을 만들 수 있는 법은 무엇이라고 생각하는가. 바로 독서를 하는 것이다.

독서는 우리가 살아가는 인생에 있어 꼭 필요한 도구다. 나는 독서를 하기 전에 공부도 못하고 어떤 일에 도전해도 포기하고 성과를 보여준 게 아무 것도 없었다. 그러니 나중에 부모님이

"너는 도대체 뭐하고 먹고 살려고 하냐."
"이래서 밥 먹고 살겠냐?"
"진짜 네 미래가 걱정이다."
"동생은 공부 잘해서 서울에 있는 대학에 들어갔는데 너는 왜 이 모양

이 꼴로 사냐!"라며 말할 때 기분이 좋지 않았다. 그것도 모자라 나와 동생을 비교하면서 말할 때는 자존심까지 상했다. '아니, 내가 누구한테 비교될 정도로 가치 없는 사람인가?' 이런 생각이 들 때도 있었다. 나 자신에게 화가 나기도 했다. 어떻게 하면 내 인생을 바꿀 수 있을지 고민하다 우연히 책 한 권을 읽으면서 많은 생각이 들었다.

'꼭 대학이 아니더라도 살아나갈 구멍은 있구나. 그래, 본격적으로 희망을 주는 부자의 꿈을 품고 노력해서 성공하자.'

그 이후 다양한 책을 읽기 시작했다. 책 한 권의 내용을 읽고 중요한 내용이 있으면 밑줄도 치고 그 내용을 나에게 대입해보기도 했다. 그런 식으로 책 한 권, 한 권씩 읽어가면서 좋은 내용을 나에게 대입하다 보니 많은 변화가 일어났다.

책을 쓴 저자도 만나고, 좋은 인연도 많이 생기고, 지금은 같은 꿈을 가진 친구와 공동체로서 성장하고 있다. 그뿐만이 아니다. 한평생 책 한 권 사지 않았던 내가 책을 읽고 1년이 채 안 된 사이에 작가가 되어 책을 쓰고 있다. 지금까지 이 원고를 쓰면서 많은 생각이 들었다. 주야간으로 12시간씩 근무하고 아르바이트까지 병행하면서도 이 원고를 작성할 수 있었던 원동력은 독서를 통해 얻게 된 구체적인 목표와 꿈에서 생겨났다.

　이 책을 끝까지 읽어 준 당신에게 감사하다는 말을 하고 싶다. 비록 저자는 성공한 사람들처럼 책을 몇천 권 읽은 사람은 아니지만 한 가지 꼭 전하고 싶은 말은, 지난 시간 동안 누구도 바꿀 수 없던 나를 바꿔준 유일한 도구는 책이라는 것이다. 여러 꼭지마다 책을 읽어야 한다는 중요성을 강조했지만, 분명 누군가는 '독서로 어떻게 삶이 달라졌을까.'라는 반감이 들 수 있다. 하지만 내가 독서를 하지 않았더라면 책을 읽는 독자에서 저자의 위치까지 갈 수 없었을 것이다. 당신은 지금 삶에 만족하는가. 나는 마지막으로 독자들에게 진심을 담아 이 말을 전하고 싶다.

　"당신이라고 못할 게 뭐가 있겠는가."

　"어떤 일이든 간에 하고 싶은 일이 있으면 그냥 해보기라도 해라."

　"처음 시도는 어렵고 두려울 수 있으나 당신도 독서로 인생을 송두리째 바꿀 수 있다."